Édition : Pascale Mongeon
Révision : Jocelyne Cormier
Correction : Milena Desharnais-Lanas et Max Hugny
Mise en pages : Chantal Landry
Design de la couverture : Nancy Desrosiers
Illustration : L'IA a été utilisée en appoint dans la création de la couverture

Catalogage avant publication de Bibliothèque et Archives nationales du Québec et Bibliothèque et Archives Canada

Titre : Les antidépresseurs ne règlent pas tout : mieux soutenir la santé psychologique de nos jeunes / Karine Gauthier.
Noms : Gauthier, Karine, 1978- auteur.
Description : Comprend des références bibliographiques.
Identifiants : Canadiana (livre imprimé) 20250036991 | Canadiana (livre numérique) 20250037009 | ISBN 9782761964678 (couverture souple) | ISBN 9782761964685 (livre numérique)
Vedettes-matière : RVM : Enfants—Santé mentale. | RVM : Adolescents—Santé mentale. | RVM : Enfants—Psychopathologie—Chimiothérapie. | RVM : Adolescents—Psychopathologie—Chimiothérapie. | RVM : Psychotropes—Effets secondaires. | RVM : Parents et enfants.
Classification : LCC RJ499 .G38 2025 | CDD 618.92/89—dc23

09-25

Imprimé au Canada

4545, rue Frontenac, 3e étage
Montréal (Québec) H2H 2R7
Canada
info@groupelivre.com

Dépôt légal : 2025
Bibliothèque et Archives nationales du Québec

ISBN (version papier) 978-2-7619-6467-8
ISBN (version numérique) 978-2-7619-6468-5

DISTRIBUTEURS EXCLUSIFS :

Pour le Canada et les États-Unis :
MESSAGERIES ADP inc.*
Téléphone : 450-640-1237
Internet : www.messageries-adp.com
* filiale du Groupe Sogides inc.,
filiale de Québecor Média inc.

Pour la France, diffusé et importé par :
INTERFORUM ÉDITIS
92 avenue de France, 75013 Paris
contact.clientele@interforum.fr
Téléphone : 33 (0) 1 49 59 11 89 / 12 40
Service commandes France Métropolitaine
Téléphone : 33 (0) 2 38 32 71 00
Internet : www.interforum.fr
Service commandes Export — DOM-TOM
Internet : www.interforum.fr
Courriel : cdes-export@interforum.fr

Pour la Suisse :
INTERFORUM editis SUISSE
Allée Paul-Cantonneau 5, Bâtiment A11/12 1762 Givisiez
Téléphone : 41 (0) 26 460 80 60
Internet : www.interforumsuisse.ch
Courriel : office@interforumsuisse.ch
Distributeur : OLF S.A.
Commandes :
Téléphone : 41 (0) 26 467 53 33
Internet : www.olf.ch
Courriel : information@olf.ch

Pour la Belgique et le Luxembourg :
INTERFORUM BENELUX S.A.
Chaussée de Tubize 481, 1420 Braine-l'Alleud
Téléphone : 32 (0) 10 39 59 54
Internet : www.interforum.be
Courriel : Export.Belgique@interforum.fr

Gouvernement du Québec – Programme de crédit d'impôt pour l'édition de livres – Gestion SODEC – www.sodec.gouv.qc.ca

SODEC
Québec

L'Éditeur bénéficie du soutien de la Société de développement des entreprises culturelles du Québec pour son programme d'édition.

Conseil des arts du Canada | Canada Council for the Arts

Nous remercions le Conseil des arts du Canada de l'aide accordée à notre programme de publication.

Financé par le gouvernement du Canada | Funded by the Government of Canada | Canada

Nous reconnaissons l'aide financière du gouvernement du Canada par l'entremise du Fonds du livre du Canada pour nos activités d'édition.

D^re^ KARINE GAUTHIER
PSYCHOLOGUE

Préface Dr Emmett Francoeur, pédiatre

Les antidépresseurs ne règlent pas tout

Mieux soutenir la santé mentale de nos jeunes

LES ÉDITIONS DE L'HOMME

À la mémoire de mon père et de mon petit frère,
qui nous ont quittés pendant l'écriture de ce livre.
Vous me manquez énormément.

PRÉFACE

Tout d'abord, je veux préciser d'où provient mon point de vue. Je suis un pédiatre du développement qui a travaillé plus de 40 ans dans le programme Cerveau, développement et comportement à l'Hôpital de Montréal pour enfants, une collaboration profondément ancrée dans les principes d'interprofessionnalité. C'est dans ce contexte que j'ai eu le privilège de collaborer avec la D[re] Karine Gauthier, psychologue et neuropsychologue.

Il y a quatre ans, j'ai décidé de travailler comme consultant dans un bureau privé, une décision qui m'a rapproché de la communauté et de ses besoins puisque je revois mes patients régulièrement. Dans ce rôle, je suis souvent confronté aux enfants et aux adolescents dont parle la D[re] Gauthier. Mon activité clinique est centrée sur la prise en charge d'enfants souffrant de problèmes de santé mentale et de troubles neurodéveloppementaux, fréquemment atteints de dépression et d'anxiété qui y sont associées. Nombre de mes décisions concernent des interventions psychopharmacologiques.

En toute humilité, l'autrice met en lumière des jeunes que nous connaissons bien, dont la santé « est fragilisée et de plus en plus chancelante ». Elle nous rappelle que le simple fait d'utiliser un diagnostic pour décrire la douleur de ces enfants est réducteur. Le véritable défi consiste à dépasser le sentiment d'impuissance et à plonger profondément dans les raisons et les causes de ces luttes intenses, idéalement d'une manière interprofessionnelle. À cette fin, la D[re] Gauthier a fondé la Coalition des psychologues du réseau public québécois (CPRPQ) pour pallier le manque de soins psychologiques pour ces enfants.

Je suis tout à fait d'accord avec la prémisse de ce livre : l'augmentation des médicaments utilisés pour traiter ces jeunes est le marqueur d'un accroissement considérable de la souffrance de nos jeunes patients. Chaque jour, dans nos bureaux de pédiatres, nous sommes principalement submergés par des adolescents qui sont perdus, mal en point et qui vivent une tempête existentielle qu'ils ne peuvent expliquer avec leurs propres mots. En plus des enfants ayant des idées suicidaires, certains refusent d'aller à l'école, d'autres sont figés dans un état de « zombie » et sont très difficiles à atteindre. Oui, ce sont là nos défis, en tant que cliniciens. Mais comme le souligne à juste titre la D[re] Gauthier, les parents et les soignants font partie des dommages collatéraux de cette crise. Ils côtoient, au quotidien, cette souffrance. Les explications détaillées de l'autrice quant à l'état d'esprit des jeunes visent à outiller et à responsabiliser les parents, qui sont souvent leur principal soutien.

La neuropsychologue décrit clairement la différence entre l'adolescence normale et la dépression. Elle détaille les raisons biopsychosociales complexes de l'augmentation des problèmes de santé mentale, lesquels peuvent se chevaucher (p. ex. dépression, trouble de stress post-traumatique, anorexie, etc.). Elle n'exagère pas les graves conséquences humaines, développementales et sociales de cette situation, et les raisons pour lesquelles il est primordial de bien traiter ces enfants, et non pas de manière relativement superficielle avec un baume psychopharmacologique.

Nous, les cliniciens dans la communauté, faisons notre possible avec les ressources dont nous disposons, orientant les familles vers la psychothérapie si c'est ce qui leur convient le mieux. Mais il nous faut parfois faire un choix judicieux de l'agent pharmacologique pour permettre à l'enfant d'être disponible pour une psychothérapie.

La D^{re} Gauthier nous rappelle que lorsque la médication est le seul traitement offert, cela suggère que la cause des afflictions du jeune est « neurologique et physique » – une idée trompeuse. Les médicaments ne sont d'aucune utilité en cas de manque de compétences sociales, d'estime de soi ou de capacité à s'affirmer adéquatement. Il n'y a pas de raccourci. Par exemple, il faut explorer en profondeur les éléments d'une relation saine, apprendre à « digérer » l'intimidation et les traumatismes. À travers tout cela, les parents doivent réussir à tolérer la détresse et à valider les émotions de leur enfant. Attention au positivisme toxique, car il est souvent utile pour les enfants de « vivre leurs émotions ». L'autrice ne se contente pas de partager son opinion : elle ajoute des branches dans l'arbre décisionnel de traitement et apporte des solutions concrètes.

L'augmentation considérable de la prescription de médicaments pour les enfants souffrant de problèmes de santé mentale est comme le canari qui meurt dans la mine de charbon : quand cela se produit, les mineurs savent que l'oxygène est insuffisant et qu'ils doivent s'enfuir. La D^{re} Gauthier nous offre un plan pour cette échappée : un guide d'action pour le jour où notre société reconnaîtra enfin l'immensité du danger pour l'avenir de l'humanité et décidera de financer les ressources nécessaires. Il ne s'agit pas seulement d'un livre qui explique « comment aider » – c'est un appel clair à l'action !

T. Emmett Francoeur M.D., C.M., FRCPC
Fondateur, Pédiatrie du développement
Professeur agrégé, Département de pédiatrie
Université McGill

AVANT-PROPOS

Plusieurs études réalisées partout dans le monde documentent une augmentation fulgurante de la consommation de médicaments psychotropes chez les enfants et les adolescents. Les statistiques du Québec démontraient que six fois plus d'adolescentes de 12 à 17 ans consommaient des antidépresseurs en 2023 qu'en 2019. Une augmentation de 445% en seulement quatre ans[1]. Chez les adolescents, ce pourcentage s'élève à 133% pour la même période. Le Québec est loin d'être le seul touché par ce phénomène. Des tendances similaires existent dans différents pays, notamment en France, en Chine et en Suède.

De plus, les enfants à qui ces médicaments sont prescrits sont de plus en plus jeunes[2]. Selon les données de la Régie de l'assurance maladie du Québec (RAMQ), de 2019 à 2021, même des enfants âgés de moins de cinq ans se seraient fait prescrire des antidépresseurs, et cette tendance serait à la hausse[3].

En outre, la hausse des prescriptions pour les enfants et les adolescents ne se limite pas aux antidépresseurs. Dans plusieurs pays du monde, elle concerne également les antipsychotiques, les psychostimulants, les anxiolytiques et les somnifères[4,5,6,7,8].

Les statistiques de la France sont sans équivoque. Entre 2010 et 2021, des augmentations marquées sur le plan de la consommation de médicaments psychotropes ont été documentées chez les enfants : 179 % d'augmentation pour les antidépresseurs, 148 % pour les psychostimulants, 114 % pour les antipsychotiques et 35 % pour les hypnotiques et les anxiolytiques[9]. Le Haut Conseil de la famille, de l'enfance et de l'âge lie cette hausse à des déficits dans l'offre de soins psychiques pour les enfants[10].

Lorsque j'ai vu ces chiffres, mon sang de psychologue, d'humaine et de maman s'est glacé un instant. Puis, j'ai eu envie d'agir.

J'ai décidé d'écrire un livre sur le sujet : il s'agit d'un phénomène majeur qui évolue rapidement et qui est répandu partout sur le globe. Je ressens un besoin de le dénoncer, puisque je ne pense pas que les jeunes sont aidés et soutenus autant qu'ils devraient l'être.

Je crois également qu'il est encore temps de modifier cette trajectoire de plus en plus fréquente vers la médicalisation de la souffrance psychologique. Je présenterai donc dans cet ouvrage plusieurs pistes de solution en mettant de l'avant le rôle des parents, certes, mais aussi celui du milieu scolaire, médical, professionnel, gouvernemental, et de la société dans son ensemble. Car il faudra non seulement un village, mais une volonté politique pour débroussailler un nouveau sentier pour nos jeunes.

Ce livre présente donc, bien humblement, ma vision de spécialiste qui travaille à temps plein avec des enfants et des adolescents, et mes recommandations sur les façons de les aider. Il s'adresse d'abord et avant tout aux parents, mais il pourra aussi intéresser les médecins, le personnel enseignant, les divers intervenants, les entraîneurs, etc.

Plus les adultes entourant les jeunes se sentiront confiants et auront une bonne compréhension des enjeux de santé mentale et des traitements possibles, plus ces jeunes se sentiront soutenus et accompagnés. Un capitaine de navire sûr de lui pendant une tempête contribue grandement à apaiser l'équipage et à l'amener à bon port. J'espère donc peaufiner vos habiletés de capitaine, pour que l'enfant ou les enfants que vous aimez se portent le mieux possible.

INTRODUCTION

Depuis plus de 22 ans, j'ai la chance de travailler avec des enfants et des adolescents en tant que psychologue et neuropsychologue. Nos échanges et rencontres m'ont appris à quel point la nature humaine est à la fois fascinante, complexe et parfois souffrante. Je travaille dans un hôpital pédiatrique, l'Hôpital de Montréal pour enfants, où je rencontre des jeunes et des familles aux parcours divers et uniques qui présentent des enjeux psychologiques variés. Je vois de mes yeux comment les enfants et les adolescents s'adaptent, grandissent ou se brisent selon les circonstances parfois inhumaines qu'ils traversent. Je vois leurs parents faire tout ce qu'ils peuvent pour les soutenir, dans les limites de leurs ressources et avec leur bagage respectif.

Certains des jeunes qui s'assoient dans mon bureau n'arrivent plus à fréquenter l'école ou se sentent déconnectés de leurs émotions, comme s'ils étaient sur le «pilote automatique». D'autres ont des symptômes anxio-dépressifs en lien avec de la douleur chronique ou avec l'arrêt d'un sport en raison de multiples commotions cérébrales. D'autres encore présentent de l'anxiété sociale ou de performance, une faible estime de soi, un trouble alimentaire ou des symptômes de stress post-traumatique.

Je rencontre également des jeunes qui ne trouvent plus la force de suivre leurs traitements médicaux pour des problèmes de santé graves. Ils sont écrasés sous le poids d'un mal de vivre ou d'une anxiété incapacitante et perdent espoir. Enfin, certains pour qui la souffrance n'était plus tolérable, et qui n'entrevoyaient pas d'autre issue, ont tenté de s'enlever la vie. Ils cherchent une main tendue pour sortir de la noirceur.

La recherche, ainsi que mon expérience sur le terrain et celle de mes collègues, pointent dans la même direction : la santé psychologique d'un nombre grandissant de jeunes est fragilisée et chancelante. J'ai décidé d'écrire ce livre pour venir en aide aux parents inquiets du bien-être psychologique de leur enfant, ainsi que pour soutenir les autres adultes impliqués dans leur vie.

Même si nous entendons de plus en plus parler de santé mentale, les tabous entourant ce sujet sont encore malheureusement bien présents. Par exemple, plusieurs jeunes cachent à leurs amis qu'ils me consultent, de peur d'être jugés, et certains parents sont parfois réticents à ce que leur enfant fasse des démarches pour obtenir de l'aide psychologique.

La confiance que les jeunes m'accordent est pour moi un véritable privilège. Le fait de côtoyer des enfants et des adolescents qui m'ouvrent la porte de leur univers affectif me laisse croire que je peux contribuer à améliorer la compréhension des enjeux qu'ils vivent auprès d'autres adultes.

Dans la mesure du possible, je tenterai, à travers les pages de ce livre, de porter la voix des jeunes et de la combiner avec les connaissances scientifiques les plus à jour ainsi qu'avec mon expérience de psychologue. J'essaierai en quelque sorte de solidifier le pont qui sépare parfois les jeunes des adultes autour d'eux. Même si je suis bel et bien une adulte, toutes ces années à voyager dans l'univers de l'enfance et de l'adolescence, à tenter de bien saisir les visions des jeunes et leurs façons de penser m'ont permis de mieux comprendre leur réalité et de nourrir mes réflexions.

Toutes les histoires de vie sont uniques, mais lorsqu'elles sont rassemblées et combinées avec les résultats de recherches, certains dénominateurs communs ressortent, et je tenterai de les mettre en lumière. Vous pourrez ensuite utiliser ce savoir pour mieux accompagner un jeune qui souffre et chasser votre sentiment d'impuissance.

Une question de santé et de société

Un livre portant sur le bien-être psychologique des jeunes ne pourrait passer sous silence l'augmentation marquée de l'utilisation d'antidépresseurs et d'autres médicaments psychotropes (antipsychotiques, anxiolytiques, somnifères, etc.) chez ce groupe. Je vous ai déjà présenté certaines statistiques effarantes à ce sujet, en ouverture de mon avant-propos. En effet, ces substances leur sont de plus en plus prescrites pour diverses raisons. Ce phénomène, répandu partout dans le monde, inclut notamment le Québec et la France.

Bien que je ne sois pas opposée à une bonne utilisation des antidépresseurs ou d'autres médicaments, cette augmentation rapide est inquiétante, tant d'un point de vue de santé publique que d'un point de vue parental. Je souhaite notamment éclairer les parents, les enseignants, les médecins ou les autres professionnels impliqués auprès de jeunes sur ce phénomène, et les aider à les soutenir dans le développement de leur plein potentiel en considérant les multiples options qui s'offrent à eux.

Je présenterai dans cet ouvrage différents chemins pour aider un jeune, afin que chacun puisse prendre des décisions éclairées, sans se laisser envahir par la culpabilité, la honte ou un sentiment de solitude. Je tiens d'ailleurs à préciser que la majorité des recommandations proposées s'appliquent à tous les jeunes, qu'ils prennent une médication ou non.

L'autre aspect qui ne saurait être passé sous silence concerne les difficultés d'accès à des services de qualité en santé mentale. Celles-ci sont si répandues que même l'Organisation mondiale de la Santé a sonné l'alarme à cet effet. Les impacts des difficultés d'accès que j'ai constatés chez mes patients m'ont tellement ébranlée et choquée que j'ai décidé de cofonder un organisme à but non lucratif visant à améliorer l'accès aux psychologues et aux neuropsychologues dans le réseau public au Québec: la Coalition des psychologues du réseau public québécois. J'en suis la présidente et je travaille, avec des psychologues et des neuropsychologues engagés, à améliorer la compréhension des enjeux de santé mentale et l'accès à des services psychologiques, dont la population a tant besoin, dans les écoles, les hôpitaux, les centres de réadaptation, etc. Des services essentiels, gratuits et souvent intégrés dans des équipes interprofessionnelles.

Chaque situation est unique

Chaque personne est différente, tout comme l'est chaque famille. Malheureusement, il n'y a pas de baguette magique dans le domaine de la santé mentale. Il s'agit d'un univers complexe dans lequel de multiples variables biopsychosociales doivent être prises en considération afin de trouver les bonnes pistes de solution. Ainsi, l'avis d'un professionnel de la santé peut s'avérer nécessaire pour offrir des recommandations adaptées à la réalité de votre enfant et de votre famille.

Sauf exception, ce livre ne sera pas axé sur un ou des diagnostics spécifiques, puisque les enfants et les adolescents ne rentrent pas parfaitement dans des «cases» spécifiques et prédéterminées. Ils sont bien plus que leurs diagnostics. Il est très important de prendre en considération l'environnement dans lequel ils évoluent et le fait qu'ils sont en développement, en mouvement, physiologiquement et psychologiquement. L'objectif ici est d'aborder le bien-être et la souffrance psychologique dans une perspective globale. En effet, il peut être réducteur de se concentrer uniquement sur les diagnostics, puisque les enjeux qui leur sont sous-jacents varient d'un jeune à un autre, et ce, bien qu'ils aient les mêmes pathologies.

Je n'ai absolument rien contre les diagnostics bien posés: ils permettent un langage commun, une compréhension pour la personne de ce qu'elle vit, et ils facilitent la recherche. Cependant, je crois qu'une approche non axée sur les diagnostics permet de voir davantage l'humain qui se trouve derrière. Cela permet de considérer la personne dans toute sa complexité et non pas, par exemple, sous la lorgnette d'un trouble d'anxiété généralisée ou d'un TDAH. Ces termes ne définissent pas la personne. Cela dit, dans certaines sections de ce livre, je classifierai tout de même les informations par catégories diagnostiques, la recherche présentant souvent ses résultats en fonction d'une telle classification.

Une lecture qui porte à réflexion

En lisant ce livre, vous remettrez peut-être en doute votre compétence parentale, par exemple en vous disant: «J'aurais dû penser à ça», «Pourquoi je n'ai pas fait ça?», ou même: «Si j'étais un parent adéquat, j'aurais dû comprendre ça plus tôt.» Si jamais cela vous arrive, je ne serai malheureusement pas à vos côtés pour vous aider à confronter ces pensées et les émotions difficiles qui les accompagnent. Toutefois, si vous le voulez bien, dites-vous ceci pour vous aider: «J'ai fait de mon mieux avec ce que je savais et avec les ressources (émotionnelles, physiques, psychiques, cognitives) et le temps dont je disposais à ce moment spécifique de ma vie.»

Je crois fermement que chaque être humain fait du mieux possible avec ce qu'il a, et il en va de même pour vous. Faire preuve de bienveillance et d'indulgence, envers vous-même et votre rôle de parent, vous permettra de progresser et d'aider votre enfant. Évidemment, nous ne pouvons pas revenir en arrière. Ce qui est passé est passé, mais il n'est jamais trop tard pour mettre en place de nouvelles pratiques parentales, pour tenter de réparer des erreurs, pour voir et accepter certaines facettes de votre enfant et l'aider à développer son plein potentiel.

N'oubliez surtout pas qu'il est beaucoup plus facile de donner et de comprendre des recommandations que de les appliquer. Dites-vous que même moi, dans mon rôle de mère, je n'arrive pas toujours à les suivre. Ainsi, il est possible que vous puissiez mettre en œuvre certaines recommandations 20% du temps ou même que vous ne soyez tout simplement pas en mesure de le faire. L'intensité de nos émotions, nos propres enjeux et notre désir que notre enfant aille bien peuvent venir embrouiller notre jugement et notre disponibilité affective. Toutefois, le fait que vous tenez ce livre entre vos mains est déjà un pas dans la bonne direction et vous devriez vous en féliciter. Si vous rencontrez des obstacles vous empêchant d'être le parent que vous aimeriez être, n'hésitez pas à demander de l'aide professionnelle.

Par ailleurs, la parentalité est souvent romantisée et dépeinte comme un conte de fées. Oui, elle est empreinte de beaux moments et de joie, mais elle s'accompagne aussi d'adaptations, d'exigences, de défis et de deuils. Ce peut être par exemple le deuil de l'accouchement imaginé, du style de vie pré-enfant, de l'enfant «parfait» ou de la relation parent-enfant souhaitée, etc. Lorsque notre enfant présente des enjeux en lien avec sa santé mentale, il s'agit d'un autre deuil bien difficile, puisque peu de parents s'étaient imaginé ce parcours ardu pour leur enfant. J'espère que ce livre vous aidera à traverser cette période de turbulences le plus sereinement possible.

À NOTER

- Les exemples présentés dans cet ouvrage sont inspirés de situations réelles. Cependant, afin de préserver la confidentialité des personnes concernées, les informations (nom, âge, sexe) et les détails de leur histoire ont été modifiés.
- Afin de ne pas alourdir le texte, tout au long de ce livre:
  - le terme «parent» désigne la personne responsable d'un enfant (parent, tuteur ou autre);
  - le terme «médecin» désigne une personne pouvant prescrire des médicaments. Cependant, d'autres professionnels de la santé sont autorisés à prescrire de telles substances, comme les infirmières praticiennes spécialisées au Québec;
  - le genre masculin est employé dans un sens générique, pour alléger le texte. Il n'a aucune intention discriminatoire.

Chapitre 1

COMMENT SE PORTE LA SANTÉ MENTALE DES JEUNES ?

« À l'échelle mondiale, on estime qu'1 jeune de 10 à 19 ans sur 7 (14 %) souffre de troubles mentaux ; pourtant, ces troubles ne reçoivent pas l'attention qu'ils méritent et sont très peu pris en charge[1]. » Voilà la sonnette d'alarme tirée par l'Organisation mondiale de la Santé en 2024.

Si on considère seulement les pays industrialisés de l'Europe et de l'Amérique du Nord, ces estimations sont encore plus élevées, soit environ 16 à 20 %[2,3,4]. À partir de ces données, on peut donc estimer que, dans nos écoles, environ 5 à 6 enfants par classe de 30 élèves présentent un trouble de santé mentale.

Si votre enfant est affecté par des enjeux de santé mentale, sachez qu'il est loin d'être le seul dans sa situation. Vous aussi, comme adulte, vivez peut-être également des difficultés psychologiques. D'ailleurs, on estime que plus de 80 % de la population aura souffert d'au moins un problème de santé mentale avant l'âge de 45 ans[5,6].

Dans les dernières années, une augmentation de plusieurs problèmes de santé mentale est documentée chez les jeunes, entre autres la dépression[7], l'anxiété[8] et les troubles alimentaires comme l'anorexie[9]. Pour les filles de 10 à 19 ans, le nombre de visites aux urgences en raison de tentatives de suicide a également augmenté au Québec[10].

Alors qu'une enquête réalisée dans la province en 2017-2018 indiquait que 9% des jeunes adultes de 18-24 ans considéraient leur santé mentale comme «passable» ou «mauvaise», ce pourcentage était passé à 42% en 2023[11].

En plus de provoquer de bien tristes décès chez des jeunes qui avaient toute la vie devant eux, les problèmes de santé mentale ont plusieurs autres impacts majeurs. Par exemple, à l'échelle mondiale, ce sont les troubles neuropsychiatriques qui constituent la cause principale d'invalidité chez les jeunes de 10 à 24 ans, atteignant 45%[12]. Viennent ensuite, loin derrière, les blessures non intentionnelles (12%) et les maladies infectieuses et parasitaires (10%). Les auteurs de cette étude mentionnent que la santé des jeunes a été grandement négligée entre autres parce que ce groupe d'âge est perçu comme étant généralement en santé. Selon eux, il serait important d'y accorder plus d'attention, d'un point de vue de santé publique. Ces affirmations datent d'il y a plus d'une décennie, mais elles sont encore plus pertinentes aujourd'hui.

Des problématiques de plus en plus fréquentes

Les difficultés psychologiques qui affectent les jeunes sont très variées. Je n'en dresserai pas ici une liste exhaustive, mais il me semble important d'expliquer les plus courantes.

Anxiété

Les troubles anxieux incluent notamment le trouble d'anxiété généralisée, l'anxiété sociale, le trouble panique, l'agoraphobie, les phobies spécifiques et l'anxiété de séparation. Ils sont brièvement décrits ci-dessous. Bien souvent, deux ou plusieurs troubles cohabitent chez une même personne.

- Le **trouble d'anxiété généralisée** fait référence à une anxiété excessive, présente la majorité du temps et portant sur divers sujets.

- L'**anxiété sociale** concerne la peur d'être mal à l'aise dans une situation sociale et conduit à l'évitement de ce type d'événement.
- Le **trouble panique** se manifeste sous forme d'attaques de panique, caractérisées par des montées d'anxiété accompagnées de symptômes physiques souvent intenses comme des palpitations cardiaques, de la transpiration importante et une respiration rapide. Le jeune a peur de refaire des crises ou change son comportement par rapport à ces dernières.
- Les **phobies** sont liées à des peurs intenses de certaines situations spécifiques ou d'objets (p. ex. peur des chiens ou des aiguilles).
- L'**agoraphobie** constitue une peur de se retrouver dans certaines situations où la fuite ou l'obtention d'aide pourraient être difficiles, comme dans un lieu public. Certaines personnes souffrant d'agoraphobie en viennent à refuser de sortir de leur maison.
- L'**anxiété de séparation** se traduit par une peur d'être séparé d'une figure d'attachement, par exemple un parent.

Comme pour les autres troubles de santé mentale, pour correspondre aux critères diagnostiques, ces difficultés doivent entraîner une souffrance importante ou altérer le fonctionnement du jeune.

Les troubles d'anxiété non traités persistent souvent à l'âge adulte, d'où l'importance d'intervenir chez l'enfant ou l'adolescent qui en souffre. Le cycle d'inquiétudes, de peurs et d'évitement se nourrit par lui-même et une aide professionnelle est souvent nécessaire pour le briser.

Par exemple, un jeune qui a peur de se faire rejeter évite les situations dans lesquelles il pourrait être mis de côté ou se faire dire «non» (p. ex. aller à une fête, proposer une activité à un ami). Puisque l'anxiété diminue chaque fois qu'il arrive à se sortir d'une situation potentiellement anxiogène, cela l'encourage à poursuivre dans cette direction. Mais à force de s'isoler en refusant de participer aux activités organisées avec ses amis, ce jeune risque de concrétiser sa peur initiale. Il ressentira probablement beaucoup moins de satisfaction à l'égard de sa vie sociale et subira les contrecoups de ce manque de contacts, qui sont si importants pour lui. Il pourrait ensuite développer des symptômes dépressifs ou d'autres difficultés.

D'ailleurs, les troubles anxieux sont souvent associés à la dépression[13], aux troubles de l'usage de substances[14], à des problèmes en lien avec l'employabilité[15] et aux comportements suicidaires[16]. Ils sont aussi liés à une diminution de la performance scolaire[17,18].

Mon expérience clinique m'a démontré à maintes reprises comment l'anxiété peut altérer la capacité d'un enfant ou d'un adolescent à fonctionner à l'école ainsi qu'à obtenir des notes à la hauteur de son potentiel. Lorsqu'il est bien dosé, le stress peut améliorer les apprentissages. Par exemple, au lieu de jouer aux jeux vidéo ou de penser à autre chose en révisant sa matière, le jeune sera concentré et mémorisera l'information. Toutefois, quand l'anxiété dépasse un certain niveau, elle rend les apprentissages et la mémorisation difficiles.

Lorsque le cortisol, une hormone induite par un état de stress, est sécrété en trop grande quantité, il peut affecter négativement les capacités cognitives comme la mémoire. Parfois, les jeunes qui ont tendance à vivre beaucoup d'anxiété arrivent à leurs examens et oublient soudainement la matière qu'ils connaissaient pourtant bien la veille. Ils s'en souviendront de nouveau le soir même, lorsqu'ils seront plus calmes, même sans avoir réétudié.

D'autres jeunes ont des attaques de panique qui les empêchent d'étudier ou de passer leurs examens. À cause de l'anxiété, ils s'absentent souvent de l'école et accumulent des retards, ce qui augmente encore le niveau de stress. Les symptômes d'anxiété peuvent se combiner à des symptômes physiques comme des maux de tête ou des maux de ventre, et les exacerber. Les impacts potentiels de l'anxiété sur le fonctionnement sont donc nombreux.

Les symptômes d'anxiété sont fréquents chez les jeunes et ont augmenté dans les dernières années[19,20]. Au Québec, deux fois plus d'adolescents de 12 à 17 ans (20 % d'entre eux) auraient reçu un diagnostic de trouble anxieux en 2022-2023 comparativement à 2010-2011 (9 %)[21]. Si nous considérons seulement les adolescentes, c'est presque une sur trois qui aurait reçu un tel diagnostic.

Dépression

Le trouble dépressif est entre autres caractérisé par une perte d'intérêt ou de plaisir pour toutes les activités – ou presque – et par un sentiment de tristesse, de perte d'espoir ou d'irritabilité. Cette dernière rime souvent avec « mèche courte », mauvaise humeur ou agressivité. Ces symptômes doivent perdurer pendant plus de deux semaines pour qu'il soit question d'un trouble dépressif.

La dépression chez les enfants et les adolescents est une des causes principales d'invalidité[22,23]. En effet, les enfants qui souffrent de dépression s'absentent souvent de l'école ou ont de la difficulté à se concentrer en classe, ce qui risque d'affecter leur cheminement scolaire. Ils ont aussi tendance à limiter leur participation à la vie sociale et familiale. Certains jeunes s'isolent et se coupent de plus en plus du monde et des sources de soutien.

La dépression peut tristement conduire à des décès. Au Canada, les suicides sont la **deuxième cause de mortalité** chez les jeunes de 15 à 24 ans, après les accidents[24]. Dans cette tranche d'âge, le suicide est responsable d'une part beaucoup plus grande de décès que le cancer ou que d'autres maladies.

Plusieurs autres résultats de recherche illustrent à quel point il est primordial de bien traiter les jeunes qui souffrent de dépression. Voici quatre raisons d'y voir.

1. Ces jeunes sont plus à risque d'en souffrir à nouveau à l'âge adulte[25].
2. Les adolescents qui ont déjà souffert d'une dépression ont, 10 à 15 ans plus tard, cinq fois plus de risques de faire une tentative de suicide que ceux qui n'en ont jamais souffert[26].
3. Toujours dans le même horizon de 10 à 15 ans suivant l'épisode dépressif, ces jeunes présentent plus d'hospitalisations,

médicales et psychiatriques, que ceux qui n'ont pas souffert d'une dépression lorsqu'ils étaient adolescents[27].

4. Les symptômes dépressifs et la détresse psychologique élevée chez les jeunes conduisent parfois à d'autres problèmes de santé mentale ou physique à l'âge adulte[28,29]. Ceux qui en souffrent sont également plus à risque d'avoir de la difficulté à se trouver un emploi et de recevoir de l'aide sociale[30,31].

Tant de raisons de prendre au sérieux et de traiter adéquatement les enfants et les adolescents déprimés. Tant de raisons d'aider ces jeunes à développer une connaissance d'eux-mêmes qui leur permettra de réduire les risques de rechute au cours de leur vie et celui de commettre l'irréparable.

En 12 ans, au Québec, le pourcentage d'adolescents ayant reçu un diagnostic de dépression est passé de 4,9 % (2010-2011) à 7,4 % (2022-2023)[32]. Aux États-Unis, plus d'un jeune de 12 à 17 ans sur cinq rapporte avoir souffert d'une dépression et plus d'un jeune sur trois dit s'être senti triste la majorité du temps au cours de l'année précédant la réponse au questionnaire[33]. Pour ceux dont la dépression est envahissante ou persistante, une partie de leur jeunesse leur file entre les doigts, emportant de belles occasions qui ne reviendront pas.

VRAI OU FAUX ?

Être déprimé et léthargique est typique de l'adolescence. Ça finit par passer.

Faux. Plusieurs adolescents vivent des situations ou des émotions difficiles qui les rendront tristes, démotivés ou qui les feront pleurer, mais cela ne devrait pas persister. Dans la majorité des situations, il s'agit de réponses adaptatives à une situation désolante, blessante ou traumatisante. La tristesse, tout comme la colère ou toute autre émotion, est normale. Il faut plutôt observer ce que le jeune fait avec cette émotion (est-ce qu'il pleure et ensuite vaque à ses activités habituelles en étant de bonne humeur, ou reste-t-il plutôt léthargique et triste pendant plusieurs jours?), comment cela affecte son bien-être général ainsi que son fonctionnement, et pendant combien de temps. Ce mal de vivre devrait être transitoire.

Certes, les intérêts du jeune et sa façon d'interagir avec ses parents ou ses frères et sœurs changeront souvent avec la venue de l'adolescence, mais les symptômes d'une dépression sont bien différents et affectent différentes sphères de vie.

On parle de dépression quand la personne présente soit: 1) une humeur dépressive ou irritable; 2) une perte d'intérêt ou de plaisir; ou les deux. De plus, ces états doivent être présents presque toute la journée et presque tous les jours pendant au moins deux semaines et être accompagnés de divers symptômes tels que des perturbations du sommeil, une perte ou un gain de poids significatif, des changements relatifs à l'appétit, une agitation ou un ralentissement psychomoteur quasi quotidien observé par les autres, de la fatigue, un sentiment de culpabilité ou de dévalorisation excessif, des difficultés de concentration, ou des idées récurrentes en lien avec la mort. Ces symptômes doivent entraîner une détresse importante ou avoir un impact négatif sur le fonctionnement (p. ex. social ou scolaire).

Il s'agit d'un aperçu des critères diagnostiques du DSM-5-TR[34], un manuel souvent utilisé pour diagnostiquer les troubles de santé mentale.

Troubles alimentaires

Malheureusement, les troubles alimentaires ont fait plus de ravages chez nos jeunes ces dernières années. Voici un survol des principaux types de troubles alimentaires.

- Les jeunes souffrant d'**anorexie mentale** restreignent leur apport alimentaire en raison d'une peur extrême de grossir, combinée à une perception altérée de leur poids et de leur apparence. Cela entraîne une perte pondérale importante qui est dangereuse, voire parfois mortelle.
- Certaines personnes souffrent d'**anorexie atypique**, c'est-à-dire qu'elles perdent beaucoup de poids, mais qu'elles demeurent dans une zone pondérale considérée comme acceptable pour leur taille. Ce type de trouble alimentaire passe souvent inaperçu et peut même être vu positivement par l'entourage. Pourtant, il y aurait autant de problèmes associés à l'anorexie atypique qu'à l'anorexie mentale, notamment la bradycardie (un rythme cardiaque anormalement lent), les problèmes psychiatriques ou les idéations suicidaires[35]. Le niveau de détresse lié à l'alimentation et à l'image corporelle serait même plus élevé dans les cas d'anorexie atypique[36].
- La **boulimie** consiste à manger de très grandes quantités de nourriture en ayant une impression de perte de contrôle, puis à utiliser des moyens compensatoires pour éliminer les calories, par exemple la prise de laxatifs, les vomissements provoqués, l'exercice excessif, le jeûne, etc.
- L'**hyperphagie** (ou accès hyperphagiques) consiste à ingérer une quantité excessive de nourriture rapidement, mais sans comportement compensatoire.

Chez les jeunes Américains de moins de 18 ans, on a constaté une augmentation de 90,3 % des visites médicales relatives à des troubles alimentaires entre 2019 et 2022[37].

En France, on estime qu'environ 1 personne sur 10 souffre d'un trouble des conduites alimentaires, dont l'anorexie, la boulimie et l'hyperphagie boulimique[38]. L'anorexie serait particulièrement répandue chez les adolescentes, notamment chez les 13-14 ans et les 16-17 ans.

Au Québec, le nombre de jeunes de 12 à 17 ans ayant reçu un diagnostic de trouble des conduites alimentaires a triplé dans les 12 dernières années (entre 2010-2011 et 2022-2023)[39]. Une augmentation des demandes d'aide en lien avec des problèmes des conduites alimentaires a aussi été rapportée. En 2023, l'organisme de soutien Anorexie et boulimie Québec (ANEB) a vu les demandes augmenter de 40 % comparativement à la période prépandémique[40].

Enfin, une vaste étude regroupant les résultats de recherches menées dans 16 pays a démontré que 22 % des enfants et adolescents présentaient des signes d'un problème en lien avec leurs conduites alimentaires. Ces données ont été compilées à partir d'un outil de dépistage nommé le SCOFF questionnaire[41]. Les auteurs, qui jugent que ces résultats sont inquiétants d'un point de vue de santé publique, mentionnent que des efforts de prévention sont à déployer pour endiguer cette vague. Ce que je soutiens totalement.

Automutilation

L'automutilation consiste à s'infliger des blessures, mais sans avoir l'intention de s'enlever la vie. Les comportements d'automutilation englobent le fait de se couper, de se brûler, de se frapper, et plus encore. Ils peuvent évidemment être très inquiétants et déstabilisants pour les parents et les membres de l'entourage. Ces derniers peuvent remarquer des marques sur le corps du jeune, des cicatrices, des égratignures ou des ecchymoses, par exemple.

Pour le jeune, ce peut être une façon de gérer son stress ou ses émotions douloureuses, de se punir, de communiquer sa douleur ou d'éprouver des sensations. En effet, certains jeunes en viennent à se détacher de leurs émotions et à moins ressentir les sensations provenant de leur corps. Certains se décrivent comme engourdis ou déconnectés. Cet état de détachement reflète souvent une très grande souffrance, dont ils essaient tant bien que mal de s'éloigner. Se blesser serait une façon pour eux de ressentir quelque chose à nouveau, de se sentir vivants en quelque sorte.

Une méta-analyse, combinant des résultats provenant de 41 pays, a rapporté que la raison la plus fréquente de s'automutiler était de se soulager de certaines pensées ou émotions[42]. Selon cette même source, la moitié des jeunes avaient parlé de leurs comportements automutilatoires à une autre personne. La plupart du temps, il s'agissait d'un ami. De plus, les idéations suicidaires ainsi que les tentatives de suicide étaient plus fréquentes chez les adolescents qui s'automutilaient. Certains facteurs semblent associés à des comportements automutilatoires plus sévères : être de sexe féminin, être un enfant unique et vivre dans une famille monoparentale[43].

Cette pratique, de plus en plus répandue, représente un enjeu mondial de santé publique[44]. La prévalence est estimée entre 16,9 % et 23,45 % chez les adolescents[45,46,47], en se basant sur plus de 40 pays dans le monde. Regrettablement, ces chiffres semblent être en augmentation. Par exemple, en Suède, des chercheurs ont démontré que le pourcentage d'adolescents qui s'automutilent est passé de 17,2 % en 2011 à 27,26 % en 2020-2021[48]. Une hausse marquée qui illustre à quel point les adolescents vivent une grande détresse et manquent de moyens pour l'apaiser.

Tentatives de suicide

Une tentative de suicide est un geste extrêmement sérieux, qui exprime une grande souffrance et le besoin de soins appropriés, tant pour le jeune que pour sa famille.

Il importe de distinguer la tentative de suicide des idéations suicidaires. Dans le second cas, la personne envisage de s'enlever la vie, mais sans passer à l'acte. En fait, les conduites suicidaires se situent sur un continuum et varient en intensité. À une extrémité, le jeune peut penser à la mort de temps en temps, sans avoir l'intention de tenter de mettre fin à ses jours. Plus loin, il peut penser à la mort plusieurs fois par jour. Ensuite, il peut planifier comment, quand et où s'enlever la vie. À la fin du continuum, il peut tenter de le faire. Certains jeunes resteront à un point du continuum sans que leur état se détériore, d'autres passeront d'un état à l'autre en plusieurs semaines, et d'autres encore verront l'intensité de leurs conduites suicidaires progresser en quelques heures.

Au Québec, depuis un peu plus de 10 ans, le taux d'hospitalisations pour une tentative de suicide a triplé pour les jeunes filles de 10 à 14 ans[49]. Il a également connu une nette augmentation chez les adolescentes de 15 à 19 ans[50]. Heureusement, le taux de suicide n'a pas augmenté.

Dans le cadre d'une enquête téléphonique menée auprès de 25 319 adultes en France, 30,1 % des femmes ont rapporté avoir fait une tentative de suicide lorsqu'elles avaient entre 15 et 19 ans[51]. Cet échantillon était considéré comme représentatif de la population française.

Les personnes ayant déjà tenté de s'enlever la vie ont 19 fois plus de risques d'être hospitalisées à nouveau en raison d'une tentative de suicide que celles qui n'ont pas d'antécédents suicidaires[52]. De plus, elles présentent un risque presque 13 fois plus élevé de décéder d'un suicide cinq ans plus tard. Il est donc absolument essentiel de traiter les raisons sous-jacentes à leur souffrance afin que leur mal de vivre s'estompe, que leur existence devienne plus satisfaisante et que le suicide ne soit plus une option.

Avec l'ensemble de ces manifestations comportementales extrêmement sérieuses, nos jeunes nous envoient un message clair sur l'état de leur santé psychologique. Un inquiétant signal de fumée qui ne saurait être ignoré.

Comment expliquer cette montée de détresse chez les jeunes ?

Comme plusieurs, vous vous demandez probablement pourquoi la prévalence et la sévérité des difficultés psychologiques ont tant augmenté chez les jeunes. Les raisons derrière cette augmentation ne sont pas encore totalement comprises et des recherches supplémentaires sont nécessaires pour y arriver. Je présenterai tout de même certaines hypothèses.

Mais d'abord, il est important de comprendre que, souvent, chez un même jeune, plusieurs facteurs contribuent à la détérioration de son état psychologique. En outre, il est essentiel de considérer les aspects biologiques, psychologiques et sociaux (biopsychosociaux) et leurs interactions pour en arriver à une compréhension des éléments en cause.

J'entends parfois des gens dire que les données concernant l'augmentation des enjeux de santé mentale chez les jeunes s'expliquent par le fait qu'ils demandent plus d'aide et non pas parce qu'ils sont plus souffrants. Peut-être qu'une partie de l'augmentation est attribuable à cela, mais en aucun cas les données présentées dans ce chapitre ne pourraient résulter simplement du fait que les jeunes consultent davantage. Pensons aux données provenant de questionnaires administrés dans les classes, dans lesquels il n'y a pas d'aide demandée, ou aux données objectives comme une perte de poids majeure ou des cicatrices d'automutilation qu'un professionnel de la santé constate lors d'une visite médicale. Des études montrent aussi que certaines problématiques sont plus sévères, comme c'est le cas pour l'anorexie. De plus, les professionnels qui sont en contact direct avec les jeunes sont également unanimes à ce sujet ; davantage d'entre eux semblent présenter des enjeux de santé mentale, et ils en sont souvent affectés plus sévèrement qu'il y a quelques années.

Se pourrait-il que certaines personnes soient déstabilisées par ces constats, ce qui les conduirait à les minimiser ? Le déni peut nous déculpabiliser momentanément, mais n'aidera pas nos jeunes.

Un corps et un cerveau en ébullition

L'adolescence est une période de grands changements sur le plan biologique (hormonal, physique, neurologique, etc.). Ces bouleversements, combinés aux épreuves ou aux situations stressantes qui surviennent pendant cette période, peuvent saturer les capacités d'adaptation et devenir la goutte qui fait déborder le vase. Pour certaines personnes, d'un point de vue biologique, des prédispositions génétiques (p. ex. anxiété) joueront également un rôle.

Une autre information à garder en tête concerne le développement du cerveau. Le cortex préfrontal est une région cérébrale qui est sous-développée chez les adolescents. Ce détail est loin d'être anodin, puisque celle-ci permet notamment de coordonner des informations qui proviennent d'autres régions du cerveau, de réguler les comportements et de prendre des décisions en considérant les conséquences. Cette zone du cerveau soutient entre autres le jugement, la régulation des émotions, la résolution de problèmes, la planification, le contrôle des impulsions, le raisonnement, la flexibilité cognitive, c'est-à-dire la capacité à nous ajuster rapidement selon les contextes et les informations que nous recevons ainsi qu'à adapter notre comportement selon les règles et conventions sociales.

Cependant, la région du cerveau qui permet notamment de reconnaître et de ressentir les émotions, appelée le système limbique, se développe avant le cortex préfrontal. Il en résulte un déséquilibre : les jeunes ressentent beaucoup d'émotions, souvent vives, mais ils n'ont pas encore les freins nécessaires, fournis par le cortex préfrontal, pour contrôler la suite des choses. Ainsi, les adolescents vivent des émotions complexes et intenses, mais il est difficile pour eux de les apaiser et de contrôler leurs réactions face à ces dernières.

Les lobes préfrontaux, qui aident à ne pas se laisser totalement envahir par les émotions et à agir d'une façon appropriée, n'atteindront leur maturité que vers l'âge de 25 ans. Il s'agit de la dernière région du cerveau à se développer. C'est en partie ce qui explique pourquoi les adolescents seront plus enclins à prendre des risques et à agir de façon impulsive. Cette réalité neurophysiologique contribue également au fait qu'ils sont plus à risque de vivre des difficultés psychologiques. Elle laisse aussi à penser que les professionnels devraient rester prudents quant à certains diagnostics posés durant l'adolescence, notamment ceux liés aux troubles de la personnalité.

Les aspects psychologiques et sociétaux

Les particularités biologiques et hormonales associées à la puberté ne datent pas d'hier. Elles ne peuvent pas expliquer la soudaine montée en flèche de la détresse psychologique chez les jeunes. Il faut donc également regarder du côté des facteurs psychologiques et sociaux qui, ces dernières années, ont pu contribuer à une détérioration de leur santé mentale.

Par exemple, les éléments suivants peuvent être en cause :

- le stress et la perte de repères engendrés par la pandémie (p. ex. arrêt de la fréquentation scolaire usuelle, isolement, diminution des interactions sociales) ;
- l'exposition de plus en plus fréquente et à un jeune âge aux réseaux sociaux ;
- les difficultés de sommeil ;
- le stress ambiant lié à la réussite scolaire et à la performance ;
- une société qui exige d'aller de plus en plus vite, d'entrer dans un moule prédéfini, et la pression qui en découle ;
- l'effritement du tissu social et l'isolement dû à une diminution des activités en personne, en faveur d'activités se déroulant en virtuel (p. ex. jeux vidéo en ligne) ;
- la santé mentale des parents et des amis, qui subit aussi un déclin ;
- une tendance à la surprotection parentale.

N'oublions pas également plusieurs facteurs sociopolitiques (augmentation du coût de la vie et insécurité économique, instabilité sociopolitique, guerres, polarisation, catastrophes naturelles, etc.) qui entraînent chez des jeunes un sentiment d'incertitude face à l'avenir, ce qui en retour risque d'affecter leur équilibre psychologique. Par exemple, en raison de l'augmentation du coût de la vie, certains jeunes qui aimeraient quitter un milieu familial difficile n'y arrivent pas. D'autres ressentent et absorbent le stress de leurs parents en lien avec leurs difficultés à payer le loyer ou l'hypothèque, la nourriture, etc. Il arrive également que des jeunes m'avouent la culpabilité qu'ils ressentent par rapport aux frais associés à leur sport favori ou à leur scolarisation.

J'expliquerai plus en détail, au chapitre 5, comment certains de ces éléments contribuent à augmenter la détresse psychologique de nos jeunes.

Plusieurs difficultés chez un même jeune

Il est important de garder en tête que, souvent, les jeunes présentent simultanément plusieurs problèmes de santé mentale et que l'intensité de chacun d'eux peut fluctuer dans le temps. À titre d'exemple, presque trois enfants sur quatre souffrant de dépression présentent aussi de l'anxiété[53]. De plus, environ 38 % des personnes qui souffrent d'anorexie nerveuse et 45 % de celles souffrant d'anorexie atypique sont également touchées par d'autres troubles psychiatriques[54].

Cela complexifie le rôle des parents, des professeurs et des autres personnes qui tentent de les aider, ainsi que l'évaluation et les traitements offerts par les professionnels impliqués. En outre, un enjeu qu'on croyait prioritaire (p. ex. anxiété) peut devenir moins important parce que le jeune développe un autre trouble qui exige une attention plus immédiate (p. ex. trouble alimentaire ou dépression sévère). Par contre, si on travaille en psychothérapie sur les enjeux sous-jacents aux symptômes, ces variations ont moins d'impacts.

Les instances gouvernementales tentent parfois de simplifier les enjeux de santé mentale en créant des programmes spécifiques, axés sur un problème unique (p. ex. programme pour les troubles anxieux ou pour les troubles dépressifs). Cependant, cette façon de faire peut limiter l'efficacité des interventions en les concentrant sur un seul aspect, alors que toutes les difficultés psychologiques et les forces d'une personne sont liées. Il s'agit d'un humain qui souffre dans sa singularité et non pas de symptômes qui doivent être éradiqués. Voici un exemple qui illustre concrètement comment les problèmes de santé mentale peuvent évoluer et coexister chez une même personne.

L'HISTOIRE DE SOPHIE
Des problématiques changeantes qui s'accumulent

À 11 ans, Sophie souffrait d'anxiété de performance. Elle avait d'excellentes notes à l'école, mais présentait une peur bleue d'obtenir des notes inférieures aux standards élevés qu'elle s'était fixés ou, encore pire, d'échouer. L'anxiété lui causait des maux de ventre importants, parfois accompagnés de vomissements les matins d'évaluations. Pendant ses examens, elle avait souvent des attaques de panique ou des «trous de mémoire» qui la faisaient oublier tout ce qu'elle savait. Pour cette raison, l'école avait accepté de lui accorder du temps supplémentaire pour ses tests.

Au début de son suivi en psychologie, ses parents m'ont expliqué que Sophie mangeait peu et qu'elle avait perdu beaucoup de poids. Je leur ai recommandé de consulter un médecin, notamment pour quantifier la perte pondérale de leur fille et s'assurer de la stabilité de ses signes vitaux. Lors des rencontres suivantes, Sophie devenait un peu plus distante et niait vouloir perdre du poids, ce qui est typique des jeunes qui développent un trouble alimentaire.

Lorsque le diagnostic d'anorexie a été officiellement posé, ce trouble est devenu la priorité à travailler. Une équipe interprofessionnelle s'est créée autour de Sophie et de sa famille, y compris des rencontres avec une nutritionniste, un suivi médical, une psychothérapie familiale et la poursuite des consultations individuelles en psychologie. Le parcours de Sophie n'a été ni linéaire ni simple. Elle a été hospitalisée lorsque ses signes vitaux sont devenus trop instables. Le trouble alimentaire avait beaucoup d'emprise sur sa vie. Il a même poussé la jeune fille à s'enfuir de l'hôpital lors d'une de ses hospitalisations. Une petite partie d'elle savait qu'elle avait besoin d'aide, mais cette partie devait mûrir pour que Sophie puisse aller mieux.

Après plusieurs mois de travail et d'embûches en tous genres, Sophie a commencé à admettre qu'elle souffrait d'anorexie. Son chemin vers la guérison a alors pu se poursuivre d'une façon plus paisible. Elle est peu à peu arrivée à prendre le dessus sur son trouble alimentaire. Mais lorsque l'anorexie a été mieux maîtrisée, Sophie s'est sentie très déprimée et sans motivation pour quoi que ce soit.

La prise d'antidépresseurs a été nécessaire pour que la jeune fille puisse continuer à fonctionner et à progresser en psychothérapie. Par la suite, elle s'est confiée au sujet d'un traumatisme vécu lorsqu'elle était plus jeune. Un travail de fond en psychologie a alors été amorcé et lui a permis d'accepter certaines parties d'elle-même et de son histoire, et de se rétablir. À la fin de son suivi, elle m'a remerciée de ne pas l'avoir laissée tomber lorsque son trouble alimentaire la poussait à refuser l'aide offerte.

L'histoire de Sophie illustre à quel point les difficultés de santé mentale sont souvent multiples chez une même personne et comment elles peuvent évoluer dans le temps. C'est pourquoi les interventions et les traitements doivent, eux aussi, évoluer et s'adapter en conséquence.

Par exemple, on voit fréquemment une humeur dépressive apparaître et se joindre à l'anxiété. Certains jeunes m'expliquent spontanément qu'ils sont épuisés à force de s'inquiéter pour tout. Ils ont parfois réussi à camoufler l'ampleur de leurs symptômes d'anxiété, mais la dépression devient plus apparente pour l'entourage. Ils font parfois face à un stress supplémentaire en lien avec la crainte d'être jugés par leurs amis ou même leur famille en raison de leur dépression.

Les réactions de l'entourage

Certains jeunes m'ont rapporté que leurs proches ne comprenaient pas les raisons de leur mal-être, puisque, selon eux, il n'y avait aucune raison à cela. D'autres se sont fait dire par des membres de l'entourage qu'il suffisait d'être plus actifs ou qu'ils étaient paresseux. Face à de telles réactions, les jeunes risquent de se sentir inadéquats et peu soutenus. La spirale des symptômes dépressifs tend alors à les tirer vers le bas et l'anxiété contribue à ce phénomène.

Plusieurs adultes se sentent dépourvus et ont de la difficulté à accepter l'ampleur de la souffrance psychologique d'un jeune. Certains réagissent maladroitement, et leur sentiment d'impuissance peut les pousser à minimiser ce que vit le jeune.

Une partie de cette réaction pourrait-elle provenir du fait que, dans notre imaginaire collectif, l'enfance et l'adolescence devraient être des périodes de légèreté, de bonheur, de découvertes et de santé ? Comment réagir face à la souffrance des jeunes ?

Chacun fait de son mieux avec son bagage, ses expériences, ses connaissances, ses capacités et ses propres traumatismes. Il n'y a pas de recette magique, mais j'expliquerai plus loin dans ce livre comment aider un jeune dont le bien-être psychologique est fragile. Il existe des moyens de le soutenir et de favoriser un changement de direction de la spirale.

Tout d'abord, afin d'amorcer une réflexion face à votre propre perception des enjeux de santé mentale chez les jeunes, je vous propose d'imaginer vos réactions hypothétiques aux deux situations suivantes et de les comparer.

- Situation 1 : Un ami proche vous annonce que sa fille de 12 ans a reçu un diagnostic de leucémie lymphoblastique aiguë et qu'elle est hospitalisée. Elle commencera des traitements de radiothérapie bientôt.

  Comment vous sentez-vous ? Que diriez-vous à votre ami ? Et que diriez-vous à votre partenaire par rapport à cette situation en revenant à la maison ?

- Situation 2 : Un ami vous annonce que sa fille de 12 ans a reçu un diagnostic d'anorexie mentale et qu'elle est hospitalisée, puisque les antidépresseurs qu'elle avait commencés à prendre n'ont pas eu les effets escomptés.

  Comment vous sentez-vous ? Qu'avez-vous envie de dire à votre ami ? Et que diriez-vous à votre partenaire par rapport à cette situation en revenant à la maison ?

Votre empathie ou votre désir d'aider ou de poser des questions ont-ils été éveillés de la même façon lorsque vous avez lu ces deux situations hypothétiques ? Est-ce que des jugements ou des craintes ont émergé en vous ? Avez-vous perçu différemment la gravité des deux situations ?

Si tel est le cas, sachez que les probabilités de décès sont similaires pour les deux situations. Elles sont estimées entre 5 % et 9,4 %[55,56,57,58] pour l'anorexie sévère et à environ 6 % chez les jeunes de 0 à 14 ans qui souffrent du type de leucémie le plus fréquent, la leucémie lymphoblastique aiguë[59].

Les tabous au sujet de la santé mentale tombent tranquillement et la compréhension des enjeux qui s'y rattachent augmente. Toutefois, chez certaines personnes, il peut persister un malaise ou un stress distinct lorsqu'il s'agit d'enjeux de nature psychologique. En prendre conscience constitue déjà un premier pas pour que nos enfants se sentent mieux compris et soutenus.

Des fils invisibles entre les membres d'une famille

Lorsqu'un jeune souffre de difficultés psychologiques, tous les membres de sa famille sont affectés. Par exemple, certains parents développent à leur tour des difficultés ou s'absentent du travail en raison des problèmes de santé mentale de leur enfant, comme ce fut le cas pour la famille d'Arthur.

L'HISTOIRE D'ARTHUR
L'impact sur la famille

L'entrée au secondaire fut l'élément déclencheur qui fit basculer le fragile équilibre psychologique d'Arthur. Le garçon avait toujours eu tendance à s'inquiéter et à ressentir de l'anxiété à propos de plusieurs aspects de sa vie : ses notes, ses performances sportives, ses relations d'amitié, etc. À la suite d'une recommandation de son médecin, il a consulté en psychologie quand il avait 14 ans en raison de symptômes de dépression importants.

Lors de l'évaluation, Arthur expliqua qu'il s'automutilait, qu'il vivait plusieurs attaques de panique par jour et qu'il présentait des idéations suicidaires importantes, l'ayant récemment conduit à faire une tentative de suicide. Il devenait de plus en plus irritable, refusait souvent d'aller à l'école et accumulait de plus en plus de retards scolaires, ce qui augmentait l'anxiété qu'il ressentait. Ses parents devaient s'absenter du travail à répétition, puisqu'ils craignaient de laisser leur fils trop longtemps seul à la maison. Ils appréhendaient une autre tentative de suicide.

Pour sa part, son jeune frère présentait de plus en plus de comportements dérangeants en classe. Ses parents ont donc décidé de le faire évaluer afin de déterminer s'il présentait un trouble déficitaire de l'attention avec ou sans hyperactivité (TDAH). Finalement, l'évaluation neuropsychologique conclut que le jeune ne souffrait pas d'un TDAH, mais plutôt de difficultés d'adaptation en lien avec la situation familiale, qui donnait lieu à de nombreuses disputes. De son côté, la mère d'Arthur, qui éprouvait d'importantes difficultés de concentration au travail, développa des symptômes dépressifs, ce qui la conduisit à un arrêt de travail.

Cette situation illustre une métaphore que j'utilise parfois avec mes patients. Je leur parle de fils invisibles imaginaires qui relient les membres d'une famille, peu importe la distance qui les sépare ou leur âge. Quand une personne de la famille perd pied, les autres membres le ressentent et peuvent être affectés d'une façon plus ou moins importante, et ce, bien malgré eux.

Un effet domino

En plus de la souffrance directement liée aux difficultés psychologiques du jeune et de sa famille, celles-ci, lorsqu'elles sont présentes dans l'enfance ou l'adolescence, affectent parfois le développement social, affectif, cognitif, physique et moteur. Les jeunes peuvent régresser ou refuser des occasions qui contribueraient à favoriser leur autonomie ou leur estime de soi. Leurs apprentissages et leurs performances scolaires peuvent également diminuer. Pour certains, l'impact de leurs problèmes psychologiques sur leur concentration et leur motivation les poussera à abandonner leur scolarisation.

La croissance des problématiques de santé mentale fait aussi augmenter les visites médicales ainsi que les dépenses publiques[60]. En France, les coûts relatifs à la santé mentale (23,3 milliards) sont au-delà de ceux associés aux suivis et aux traitements des cancers (21,2 milliards), aux maladies cardiovasculaires (17,8 milliards) et au diabète (9 milliards)[61]. Aux États-Unis, les troubles de santé mentale entraînent les dépenses les plus importantes comparativement à tous les autres types de problèmes de santé chez les enfants[62]. Les soins et les traitements des troubles de santé mentale coûtent plus cher que ceux reliés aux maladies infectieuses et à l'asthme, par exemple.

Ainsi, les **conséquences humaines, développementales et sociétales** des troubles de santé mentale sont majeures. À celles-ci s'ajoute le poids économique des consultations médicales, des visites aux urgences, des hospitalisations, des médicaments, du recours au système judiciaire, des invalidités et des suicides. Il est donc crucial, d'un point de vue tant individuel et familial que sociétal, de traiter adéquatement les problèmes touchant la santé mentale de nos jeunes. Malheureusement, ce n'est pas le cas présentement.

Une aide souvent obtenue à retardement

La plupart des problèmes de santé mentale se développent pendant l'adolescence. En effet, une étude effectuée auprès d'adultes âgés de 26 ans présentant des enjeux de santé mentale a démontré que 75 % d'entre eux avaient reçu au moins un diagnostic avant l'âge de 18 ans[63].

Selon une autre étude, la moitié des problèmes de santé mentale sérieux observés chez les adultes étaient présents dès l'âge de 14 ans, mais les traitements ne commençaient souvent que 6 à 23 ans plus tard[64].

Sur le terrain, je constate que les délais entre l'apparition de difficultés psychologiques et le traitement approprié peuvent être attribuables à plusieurs causes. En voici quelques-unes :

- Certains jeunes et leurs familles font face à des difficultés d'accès aux services en santé mentale en raison d'un manque de ressources, de longs délais d'attente, de critères de plus en plus stricts, de redirection vers des services qui ne sont pas des traitements mais plutôt du soutien émotionnel, de la gestion de crise, de l'éducation psychologique, etc.
- Certains jeunes ont de la difficulté à admettre ou à réaliser qu'ils vivent des difficultés sur le plan psychologique.
- Certains jeunes admettent leurs difficultés psychologiques, mais croient qu'ils pourront s'en sortir seuls ou sans aide professionnelle.
- Certains parents sont réticents à l'idée que leur enfant ait des difficultés psychologiques importantes qui exigent une aide spécifique hors du milieu familial.
- Certains jeunes ont l'impression d'avoir trouvé une façon adéquate de gérer leurs difficultés (p. ex. en consommant des substances, en ayant recours à la violence, en évitant des situations

qui favoriseraient pourtant leur développement ou en se plongeant corps et âme dans le travail scolaire) et découvrent, beaucoup plus tard, que ce n'était pas le cas.

- Certaines personnes ont peur de découvrir des choses déplaisantes sur elles-mêmes.
- Certains individus croient que le problème vient des autres. Cependant, à force de vivre des difficultés relationnelles dans différents milieux (p. ex. à l'école, dans leurs relations amoureuses et même au travail), ils sont acculés au pied du mur et consultent. Parfois, ils ont décidé de chercher de l'aide psychologique parce qu'ils ont eu beaucoup de pression de leur entourage pour le faire ou se sont retrouvés sans emploi ni relation significative.

Des services insuffisants

Malgré les besoins immenses des jeunes en ce qui a trait à l'aide en santé mentale, seulement une faible proportion reçoit des services appropriés[65,66]. L'Organisation mondiale de la Santé en fait elle-même le constat: «Partout dans le monde, il existe un écart béant entre l'offre de traitements et les besoins thérapeutiques. Qui plus est, les traitements administrés sont souvent de mauvaise qualité[67].»

Au Québec, entre 2010 et 2023, une baisse de 24% du nombre de psychologues travaillant principalement dans les écoles primaires et secondaires a été notée, et ce, malgré une augmentation du nombre d'élèves[68]. Pourtant, les écoles constituent un excellent milieu pour offrir des services en santé mentale aux enfants. Les jeunes y ont facilement accès, quel que soit leur contexte familial ou leur niveau socioéconomique. Les psychologues peuvent aisément y obtenir des informations auprès du personnel enseignant et fournir des recommandations à l'équipe-école en prenant en compte le contexte scolaire et l'évolution de chaque individu.

Certains adolescents (âgés de plus de 14 ans) m'ont déjà confié qu'ils avaient été à l'aise de consulter un psychologue dans leur école puisqu'ils avaient la possibilité de le voir pendant la journée. Il n'aurait pas été possible pour eux d'obtenir de l'aide psychologique autrement, étant donné que leurs parents n'en voyaient pas la pertinence ou étaient fermés à cette idée. Dans certaines situations, cette aide leur a été vitale.

Une baisse similaire du nombre de psychologues est également notée dans le réseau de la santé au Québec, ce qui inclut notamment les hôpitaux, les centres de réadaptation et les services de protection de l'enfance[69]. Nous sommes donc loin d'une amélioration de l'accès à des services spécialisés en santé mentale pour nos jeunes.

Aux États-Unis, une augmentation de 10 % du nombre d'employés offrant des services en santé mentale était associée à une réduction de 1,35 % du taux de suicide (non commis par arme à feu) chez les jeunes de 10 à 24 ans[70]. Ainsi, améliorer l'accès aux professionnels de la santé mentale a le potentiel de sauver des vies d'enfants, d'adolescents et de jeunes adultes.

À cause du manque de ressources appropriées, le poids des enjeux de santé mentale des jeunes repose trop souvent sur leurs propres épaules, sur celles de leurs parents, de leur entourage, de leur enseignant, de leur médecin, etc. Ces personnes font leur possible en attendant du renfort, lequel prend souvent la forme d'une pilule, mais est-ce vraiment ce dont l'enfant et sa famille ont besoin ?

Il existe principalement deux traitements reconnus scientifiquement pour traiter les troubles de santé mentale : la psychothérapie et la médication. Quand la psychothérapie n'est pas disponible, les médecins sont contraints de se tourner vers une seule option.

En effet, la consommation de médication (p. ex. d'antidépresseurs, d'anxiolytiques, de psychostimulants, d'antipsychotiques) a connu une augmentation massive chez les enfants et les adolescents ces dernières années, ce qui n'est pas sans risque. J'aborderai plus en détail ce phénomène au chapitre suivant.

Chapitre 2

UNE HAUSSE FULGURANTE DE LA PRISE D'ANTIDÉPRESSEURS (ET D'AUTRES MÉDICAMENTS)

Si votre enfant s'est fait prescrire des antidépresseurs ou une autre médication psychotrope, sachez qu'il est loin d'être seul dans sa situation, et ce, peu importe son âge. Je l'ai mentionné d'entrée de jeu: on note une augmentation ahurissante de la consommation d'antidépresseurs chez les jeunes au Québec[1]. Le phénomène s'observe ailleurs dans le monde. À titre d'exemple, à Hong Kong, les prescriptions d'antidépresseurs ont augmenté de 155 % chez les enfants et les adolescents entre 2005 et 2018[2].

Une hausse de l'utilisation de ces médicaments chez les jeunes a aussi été observée en France[3,4], au Royaume-Uni[5], en Allemagne[6], en Suède[7] et en Norvège[8], entre autres pays. En général, le taux de prescription d'antidépresseurs est plus élevé chez les adolescentes que chez les adolescents. Chez ces derniers, on note toutefois généralement une plus grande augmentation de la prescription de psychostimulants, souvent prescrits pour traiter des symptômes de TDAH, comparativement aux adolescentes[9]. Mais s'agit-il du bon diagnostic? J'aborderai ce sujet un peu plus loin dans ce chapitre.

Il est important de noter que les antidépresseurs ne sont pas seulement prescrits pour des dépressions. Ils le sont également pour une multitude de problèmes de santé mentale tels que les troubles anxieux, les troubles obsessionnels-compulsifs, les troubles alimentaires, le trouble déficitaire de l'attention avec ou sans hyperactivité, le mutisme sélectif, etc.

Une grande augmentation de la prescription de médicaments pour l'insomnie a également été documentée. En France, entre 2016 et 2023, une étude récente démontre que le taux mensuel de prescription d'hypnotiques en Z, un type de somnifère (p. ex. le zopiclone ou le zaleplon), a augmenté de 428 % chez les jeunes de 12 à 17 ans et de 151 % chez les enfants de 6 à 11 ans[10]. Les chercheurs mentionnent que l'utilisation de ces médicaments n'est pas officiellement autorisée chez les personnes âgées de moins de 18 ans.

En fait, les professionnels de la santé ont recours à une méthode « non conforme à l'étiquette » afin de prescrire aux jeunes des médicaments, dont plusieurs antidépresseurs, qui ne sont pas approuvés pour certaines utilisations. Cette pratique est fréquente, n'est pas interdite formellement et est utilisée quand les prescripteurs estiment que les avantages d'un médicament surpassent les risques. Toutefois, étant donné que les effets à long terme sur un être humain en développement sont peu connus, les antidépresseurs et autres médicaments psychotropes devraient être administrés précautionneusement, seulement lorsqu'absolument nécessaires et après une évaluation approfondie.

En France, une étude effectuée dans un hôpital pédiatrique de la région de Paris a révélé que 68 % des prescriptions de médicaments psychotropes étaient émises sans une autorisation de mise en marché pour les jeunes[11].

Comme l'efficacité des médicaments psychotropes est peu étudiée et peu démontrée chez les enfants et les adolescents, l'augmentation de leur utilisation s'avère encore plus préoccupante[12,13]. En France, le Haut Conseil de la famille, de l'enfance et de l'âge mentionne ceci : « Le traitement médicamenteux ne guérit pas la souffrance psychique de l'enfant même s'il permet, dans certains cas, d'alléger l'expression des symptômes et de faciliter le travail de soin.» Il explique ensuite que la psychothérapie devrait être essayée en premier lieu, puis que l'ajout d'une médication pourrait être considéré au besoin.

Des substances fréquemment prescrites

Le tableau ci-dessous présente les principaux médicaments psychotropes prescrits aux jeunes, mais il en existe plusieurs autres.

Nom de la principale substance active	Classe	Nom commercial
Fluoxétine	Antidépresseur – Inhibiteur sélectif de la recapture de la sérotonine (ISRS)	Prozac®
Sertraline	Antidépresseur – ISRS	Zoloft®
Citalopram	Antidépresseur – ISRS	Celexa®
Escitalopram	Antidépresseur – ISRS	Cipralex®
Fluvoxamine	Antidépresseur – ISRS	Luvox®
Paroxétine	Antidépresseur – ISRS	Paxil®
Clomipramine	Antidépresseurs «tricycliques» (ATC)	Anafranil®
Imipramine	Antidépresseur – ATC	Tofranil®
Amitriptyline	Antidépresseur – ATC	Laroxyl®
Venlafaxine	Antidépresseur – sélectif de la recapture de la sérotonine et de la noradrénaline (IRSNa)	Effexor®
Duloxétine	Antidépresseur – IRSNa	Cymbalta®
Méthylphénidate	Psychostimulant	Ritalin® Biphentin® Concerta®
Amphétamines	Psychostimulant	Adderall XR® Vyvanse® Dexedrine®
Agoniste sélectif des récepteurs alpha-2A adrénergiques	Non-psychostimulant	Intuniv XR®

Nom de la principale substance active	Classe	Nom commercial
Inhibiteur sélectif du recaptage de la noradrénaline	Non-psychostimulant	Atomoxétine (Strattera® n'est plus fabriqué)
Rispéridone	Antipsychotique	Risperdal®
Olanzapine	Antipsychotique	Zyprexa®
Quétiapine	Antipsychotique	Seroquel®
Clozapine	Antipsychotique	Clozaril®
Lorazépam	Anxiolytique	Ativan®
Clonazépam	Anxiolytique	Rivotril®
Alprazolam	Anxiolytique	Xanax®
Oxazépam	Anxiolytique	Serax®
Zopiclone	Hypnotique en Z (somnifère)	Imovane®
Zaleplon	Hypnotique en Z (somnifère)	Sonata®

Un mot sur la médication liée à un possible TDAH

Beaucoup de jeunes, ou leur entourage, se plaignent de difficultés de concentration et d'attention. Mais ces symptômes sont non spécifiques, c'est-à-dire qu'ils peuvent être dus à une multitude de causes qui n'ont rien à voir avec un trouble du déficit de l'attention avec ou sans hyperactivité (TDAH). Pensons par exemple à :

- une situation familiale tendue avec des conflits fréquents entre les parents qui préoccupent grandement l'enfant et laissent peu d'espace pour le reste ;
- un accès limité à la nourriture en raison d'une situation financière précaire ;
- un apport calorique insuffisant, imposé par le jeune lui-même en raison d'une insatisfaction liée à son image corporelle ;

- un manque de sommeil, en raison de mauvaises habitudes de vie, d'un environnement peu propice au sommeil ou d'une condition médicale;
- de l'anxiété;
- une expérience traumatique vécue par le jeune qui tente de «digérer» ce trauma;
- une dépression;
- un haut potentiel intellectuel, qui fait que l'enfant s'ennuie ou est absorbé par ses pensées créatrices;
- un trouble du langage, des difficultés d'apprentissage, des déficits des fonctions intellectuelles ou un trouble du spectre de l'autisme;
- un manque de tolérance de l'entourage par rapport au fait que le jeune a besoin de bouger, de parler, etc. Le niveau de tolérance à cet égard influence grandement les réponses des membres de l'entourage aux questionnaires utilisés dans l'évaluation du TDAH. C'est notamment pour cette raison que l'évaluation ne devrait pas se baser uniquement sur cette source d'information;
- d'autres circonstances difficiles (p. ex. deuil, rupture amoureuse, maux de tête, préoccupations en lien avec la santé, difficultés sociales) qui font que l'espace mental du jeune est déjà très occupé.

Avoir des difficultés d'attention, c'est un peu comme avoir mal au ventre. Ce symptôme peut être lié à plusieurs causes potentielles (p. ex. une indigestion, une gastro-entérite, une bactérie, une appendicite, du stress, la maladie de Crohn, une tumeur cancéreuse, etc.). Donnerait-on à de nombreuses personnes qui se présentent avec un mal de ventre un traitement de chimiothérapie, sans pousser les investigations pour s'assurer que la cause du symptôme a bien été identifiée? Jamais.

Malheureusement, on dirait parfois que c'est ce qui se passe avec les psychostimulants. En effet, tout comme les antidépresseurs, leur usage augmente dans plusieurs pays, de façon plus ou moins marquée selon les régions[14].

Au Québec, environ 1 garçon sur 5 (19 %) âgé de 12 à 18 ans en consommait en 2022[15]. Des données ont démontré que 2,6 fois plus d'enfants âgés de 0 à 18 ans vivant au Québec s'étaient fait prescrire des psychostimulants comparativement à ceux vivant en Ontario[16], la province voisine. Comment expliquer cet écart majeur ?

VRAI OU FAUX ?

Les enfants qui sont les plus jeunes pour leur niveau scolaire reçoivent davantage de diagnostics de TDAH.

Vrai. Les enfants les plus jeunes dans une classe se font diagnostiquer plus souvent un TDAH et ils se font aussi prescrire davantage de psychostimulants[17,18]. Sommes-nous en train de pathologiser et de médicamenter un écart de maturité tout à fait normal étant donné l'âge? Les auteurs de l'étude réalisée aux États-Unis soulignent que oui. En effet, le TDAH est un problème neurologique, et la fréquence des diagnostics ne devrait pas varier en fonction du moment de naissance dans l'année: Il y aurait donc plusieurs «faux diagnostics». Dans certaines régions du Québec, plus d'un adolescent sur trois a reçu un diagnostic de TDAH en 2022-2023, ce qui représente le double par rapport à 2010-2011[19].

À l'origine du problème, y aurait-il une part d'intolérance aux mouvements, aux distractions, au bruit... à l'enfance et à l'adolescence, quoi? Ou encore une tendance à sauter rapidement aux conclusions et à ne pas faire d'évaluation complète permettant d'identifier les causes sous-jacentes des comportements observables ? Inévitablement, notre société doit se poser des questions.

Plus de prescriptions pour certains groupes d'enfants

La prescription de médicaments psychotropes semble associée à certains facteurs, notamment ceux d'ordre socioéconomique. Par exemple, les résultats d'une étude récente réalisée en Ontario ont démontré que les enfants provenant de familles dont les parents avaient des revenus plus faibles se faisaient prescrire davantage d'antipsychotiques, de benzodiazépines (médication pour l'anxiété ou l'insomnie comme l'Ativan) et de régulateurs de l'humeur comme le lithium, et moins d'inhibiteurs sélectifs de la recapture de la sérotonine (ISRS) que ceux provenant de familles plus aisées économiquement, et ce, même s'ils consultaient les mêmes médecins et avaient des diagnostics similaires[20].

Les chercheurs mentionnent que ces choix sont difficilement justifiables, surtout chez des enfants qui ne présentent pas de psychose, et considérant que ces médicaments sont moins recommandés que les ISRS, comme le Prozac, et qu'ils peuvent avoir des effets secondaires substantiels. Toutes les familles dans cette étude avaient accès à une couverture médicale universelle.

Les enfants qui présentent des retards de développement ou intellectuels, ceux sous les soins de la protection de la jeunesse ou de l'enfance et ceux dans les centres jeunesse sont également plus susceptibles de se faire prescrire des régimes médicamenteux à haut risque ainsi que plusieurs médicaments psychotropes simultanément[21,22,23,24].

Une étude menée auprès de pédiatres, de psychiatres et d'infirmières en psychiatrie a révélé que ces professionnels ont exprimé des inquiétudes liées à la surprescription de psychotropes aux enfants présentant des vulnérabilités sociales ou médicales[25]. Ils craignent que la médication vienne masquer certains enjeux importants comme le stress à la maison ou les traumatismes vécus. Ils ont aussi expliqué avoir l'impression que la prescription d'une médication n'est pas souvent réévaluée, malgré les impacts à long terme, connus et inconnus, des médications psychotropes sur le développement du cerveau. Finalement, certains ont rapporté ressentir de la pression de la part de l'entourage de l'enfant, dont les parents, pour prescrire une médication.

Par ailleurs, une étude publiée le 9 janvier 2024 par Santé publique France et l'Assurance Maladie a démontré que les enfants issus de familles dont les revenus étaient plus faibles présentaient environ deux fois plus de diagnostics de troubles mentaux (« troubles envahissants du développement, troubles mixtes du comportement et des émotions, retard mental non spécifié, troubles spécifiques mixtes du développement ») que ceux issus de familles dont les revenus étaient plus élevés[26].

Pris entre l'arbre et l'écorce

Il n'y aurait pas grand-chose à dire au sujet des prescriptions d'antidépresseurs et d'autres médicaments psychotropes chez les enfants et les adolescents si la majorité d'entre elles représentaient le traitement de choix. C'est le cas, par exemple, lorsqu'un jeune souffre d'une dépression sévère qui a un impact considérable sur sa vie et qu'il n'est pas en mesure de se mobiliser pour tenter de s'en sortir, malgré un travail psychothérapeutique.

Cependant, ces ordonnances sont souvent rédigées parce que l'évaluation psychologique et la psychothérapie ne sont pas disponibles.

Entre les quatre murs de leur bureau de consultation, les médecins se retrouvent face à des situations souvent très difficiles. Par exemple, ils rencontrent des parents désemparés, des jeunes qui refusent d'aller à l'école en raison d'une grande anxiété, des situations où les services de protection de l'enfance sont impliqués, ou encore des enfants qui n'arrivent plus à dormir et voient leur santé se détériorer. L'accès aux services d'évaluation psychologique et d'intervention n'est souvent pas disponible ou l'attente est de plusieurs mois, voire d'années. Les médecins sont alors pris entre l'arbre et l'écorce et recommandent parfois un traitement médicamenteux, même s'ils savent que ce n'est pas la meilleure option pour l'enfant devant eux. La variable « disponibilité des services psychologiques » vient brouiller les cartes, affecte la qualité des soins ainsi que le pronostic.

La vague de problèmes de santé mentale est devenue si haute – si rapidement – que ces cliniciens choisissent le moindre mal puisqu'il serait trop risqué de ne pas agir, un peu comme en temps de guerre où trop de blessés arrivent en même temps à l'infirmerie. Des choix difficiles doivent être faits. Loin de moi l'intention de juger leurs actions. Ils se retrouvent souvent seuls sur la ligne de front pour répondre à la détresse des jeunes.

Les médecins reconnaissent que la médication psychotrope ne règle pas tous les problèmes, mais elle est souvent un des seuls moyens à leur disposition pour tenter d'alléger la souffrance de leurs jeunes patients, ne serait-ce que temporairement. Ils savent aussi que les adolescents risquent de s'automédicamenter, par exemple en commençant à prendre du cannabis ou de l'alcool sur une base régulière, s'ils ne reçoivent pas de traitement pour leur détresse psychologique. De plus, ils sont conscients que les jeunes qui souffrent de dépression sont à risque de s'enlever la vie. Bref, ne pas prescrire peut également entraîner des conséquences indésirables.

Par ailleurs, les parents également se sentent parfois dépassés et coincés par le manque d'accès à l'évaluation psychologique et à la psychothérapie. Nous ne pouvons pas non plus les blâmer d'opter pour la médication. Il s'agit souvent de la seule solution offerte rapidement, même si elle n'est pas toujours la meilleure.

Lorsque l'option des antidépresseurs est envisagée, les effets secondaires potentiels doivent évidemment être considérés. Attardons-nous maintenant à cet aspect.

Effets secondaires possibles des antidépresseurs

De nombreux effets secondaires des antidépresseurs sont identifiés dans la littérature scientifique et varient selon le type de molécule prescrite. Comme il existe plusieurs types et classes d'antidépresseurs, faire une revue exhaustive de leurs effets secondaires serait impossible en quelques pages.

J'effectuerai plutôt ici un survol des effets secondaires les plus souvent rapportés et aborderai les aspects psychologiques qui s'y rattachent. Si vous avez des questions spécifiques en lien avec l'antidépresseur que votre enfant s'est fait prescrire, il est préférable de consulter directement le prescripteur ou votre pharmacien.

D'abord, précisons que chaque personne peut réagir différemment à une médication. Certains jeunes ne rapportent aucun effet secondaire, alors que d'autres en ressentent plusieurs. Certains s'adaptent rapidement aux antidépresseurs et vivent bien avec le médicament, alors que d'autres les acceptent très difficilement. Parfois, les effets secondaires peuvent être si dérangeants qu'un jeune décidera de cesser de prendre sa médication. Or, l'arrêt d'une médication devrait toujours se faire sous supervision médicale.

Parmi les effets secondaires souvent documentés chez les jeunes, on trouve :

- des symptômes gastro-intestinaux[27] comme des douleurs abdominales, de la nausée, de la diarrhée ou de la constipation ;
- de l'insomnie[28] et de la somnolence[29] ;
- une augmentation des comportements et idéations suicidaires[30,31,32] ;
- une constellation de symptômes appelée « activation », qui comprend notamment de l'hyperactivité, des explosions de colère, de la désinhibition et de l'agressivité[33] ;
- de la sécheresse buccale[34] ;
- des perturbations sur le plan de la sexualité[35]. Toutefois, très peu d'études portent sur les dysfonctions sexuelles chez les adolescents qui prennent des antidépresseurs ;
- une prise de poids[36] ;
- des maux de tête[37].

Certains effets secondaires, plus marqués au départ, ont tendance à s'estomper dans les trois premiers mois. C'est le cas entre autres pour la nausée, l'insomnie, les douleurs abdominales, l'agitation et la sécheresse buccale[38]. D'autres effets peuvent perdurer ou encore apparaître seulement après plusieurs mois d'utilisation.

Que faut-il surveiller ?

L'augmentation des pensées et des comportements suicidaires est un effet secondaire non négligeable, démontré dans plusieurs études réalisées auprès d'enfants, d'adolescents et de jeunes adultes[39,40,41]. Cet effet secondaire a été considéré si sérieux qu'aux États-Unis, en 2004, un « avertissement de boîte noire » (maintenant appelé *boxed warning* en anglais) sur les antidépresseurs de type SSRI a été imposé par la Food and Drug Administration (FDA). Ce type d'avertissement est le plus haut niveau d'alerte que peut exiger la FDA. Une telle mesure est prise lorsque des études démontrent que la médication visée comporte un risque important d'effets indésirables graves et potentiellement mortels.

Cet avertissement de la FDA a amené son lot de critiques. Certains chercheurs ont avancé qu'il avait entraîné une diminution de l'utilisation d'antidépresseurs chez les jeunes, ce qui donnerait lieu à davantage de comportements suicidaires[42,43]. Dans une revue de la littérature récente[44], les chercheurs mentionnent toutefois que ces études avaient des faiblesses méthodologiques importantes. Ils concluent que la notice de la FDA était justifiée, puisque l'augmentation de la prescription d'antidépresseurs chez les jeunes Américains était liée à une augmentation des tentatives de suicide et du nombre de suicides.

Certaines études n'ont pas confirmé que la consommation d'antidépresseurs augmentait le risque suicidaire[45]. Toutefois, des chercheurs ont démontré que les données rapportées par certains essais cliniques sont parfois incomplètes ou inexactes[46]. Sur les 142 essais cliniques de six médications psychotropes étudiées, 62,3 % des décès, 53,3 % des suicides et 46 % des tentatives de suicide ou des idéations suicidaires qui apparaissaient dans les registres des compagnies pharmaceutiques accessibles en ligne ne figuraient pas dans les articles scientifiques publiés[47].

Si vous êtes un parent, il vaut mieux rester vigilant et prudent, en sachant que la prise d'un antidépresseur de type ISRS comme le Prozac peut entraîner une augmentation des pensées et des comportements suicidaires. Ces effets sont souvent plus fréquents dans les premières semaines d'utilisation[48] et ce ne sont pas évidemment tous les enfants qui les présentent.

Dans ma pratique, j'observe que la prise de poids est un effet secondaire souvent difficile à accepter, particulièrement à l'adolescence. Cette période de la vie demande déjà beaucoup d'adaptation en raison des changements corporels multiples inhérents à la puberté. De plus, les standards de beauté sont fréquemment associés à la minceur et les commentaires sur les réseaux sociaux en lien avec une prise de poids sont souvent blessants.

Je me souviens notamment d'une adolescente qui me disait avoir pris environ sept kilos (15 livres) après avoir commencé la prise d'antidépresseurs. Elle se sentait un peu plus énergique, mais avait développé une anxiété sociale et une baisse d'estime d'elle-même en lien avec son apparence physique. Elle devait également composer avec des commentaires à propos de son gain de poids, même parfois de ses proches, ce qui ne lui était jamais arrivé avant.

La situation devenait si éprouvante pour elle qu'elle a décidé d'arrêter la prise d'antidépresseurs sans en parler à ses parents ni à son médecin. Elle savait pourtant que l'arrêt brusque des antidépresseurs n'est pas recommandé. Mais l'idée de continuer à gagner du poids était insoutenable pour elle. Malheureusement, l'arrêt soudain de la médication a provoqué des symptômes désagréables comme des étourdissements, des fourmillements et de l'irritabilité. Elle a par la suite décidé d'en parler à ses parents et à son médecin. Une discussion difficile, qui aurait été beaucoup plus simple si elle avait eu lieu avant l'arrêt de la médication. Elle devait maintenant composer avec une certaine incompréhension et une perte de confiance de la part des gens qui la soutenaient, en plus de sa tristesse.

Il va sans dire qu'un suivi étroit des effets indésirables est nécessaire lorsqu'un enfant ou un adolescent se fait prescrire une médication. Cela permet de réduire les risques de passage à l'acte suicidaire et d'éviter les effets boule de neige que peuvent avoir certains effets secondaires. Par exemple, un jeune qui développe de l'agitation et des nausées comme effets secondaires aura possiblement de la difficulté à suivre en classe et accumulera potentiellement des retards scolaires. Ses nausées peuvent faire en sorte qu'il mange moins et qu'il ressent une baisse d'énergie. Les retards scolaires peuvent conduire à des notes plus basses aux examens, ce qui pourrait faire augmenter l'anxiété et les symptômes dépressifs. Plusieurs conséquences psychologiques peuvent découler des effets secondaires des antidépresseurs. Une surveillance de ce volet est donc primordiale.

Identifier les effets secondaires s'avère généralement complexe, du fait que certains sont similaires à des symptômes dépressifs ou d'anxiété. Pour bien y arriver, il est essentiel que la personne qui prescrit le traitement connaisse suffisamment bien le fonctionnement et l'état général du jeune avant d'amorcer la médication, afin d'établir un point de comparaison. L'importance d'une évaluation initiale exhaustive – qui sera abordée au chapitre 4 – est donc cruciale. Celle-ci permettra notamment de déterminer plus facilement les effets résultant de la médication et de faire les ajustements nécessaires au besoin.

Y a-t-il des effets secondaires à long terme sur le cerveau et le corps ?

En plus des effets secondaires que nous venons d'aborder et qui pourraient être qualifiés de « court terme », il existe aussi des effets potentiels à long terme liés à la prise d'antidépresseurs. Ces effets sur un cerveau et un corps en développement sont toutefois peu étudiés et peu connus : on déplore un manque de recherches à propos des effets à long terme de la médication psychotrope chez les jeunes[49]. Pourtant, ces derniers vivent d'importants changements physiques, neurobiologiques et sociaux sur lesquels peut interférer la médication.

Comme nous l'avons vu au chapitre 1, le cerveau des jeunes est différent de celui des adultes. L'enfance et l'adolescence sont marquées par des changements majeurs au niveau du développement du cerveau. En voici quelques-un[50] :

1. La maturation du contexte préfrontal. Cette partie du cerveau est importante pour le contrôle des impulsions, pour le jugement et pour la capacité à prendre des décisions.

2. Un remodelage de la matière grise et blanche. Par exemple, le volume de la matière blanche, une substance qui s'occupe notamment de la communication entre les différentes régions du cerveau, augmente jusqu'à la troisième décennie de la vie.
3. L'augmentation de la myélinisation. En simplifiant grandement, on pourrait dire que ce processus aide à rendre le cerveau plus efficace en permettant à l'influx nerveux de se déplacer plus rapidement.
4. L'élagage synaptique. Les synapses désignent la jonction entre deux neurones ou entre un neurone et un muscle ou une glande. En termes simplifiés, les synapses permettent aux différents éléments concernés de communiquer. L'élagage synaptique est un processus par lequel le cerveau élimine les synapses dont il n'a pas besoin afin d'enlever les connexions inutiles entre ses cellules et de renforcer celles qui sont souvent utilisées.

Ainsi, plusieurs changements s'opèrent dans le cerveau des enfants et des adolescents, ce qui contribue à la complexité des traitements pour les troubles de santé mentale chez les jeunes. À ce stade-ci, nous ne savons pas vraiment de quelle façon la médication affecte ces mécanismes cérébraux.

Parmi les effets secondaires possibles à long terme, certaines études indiquent des risques au niveau du diabète de type 2[51,52], de la densité des os[53,54] et une réduction de la croissance[55,56,57].

Des études supplémentaires demeurent toutefois nécessaires pour bien documenter les effets potentiels au long cours, tant sur le corps que sur le cerveau des enfants et des adolescents.

Comment aider le jeune à décider s'il doit commencer ou non la prise d'antidépresseurs ?

Si le médecin de votre enfant lui a prescrit des antidépresseurs, vous êtes peut-être sous le choc, embêté ou plutôt soulagé, selon votre compréhension de la situation et l'étape à laquelle vous êtes dans votre processus d'acceptation.

Certains jeunes seront ouverts à l'option de prendre des antidépresseurs, et d'autres non. Il sera alors important d'écouter le point de vue du jeune et de lui laisser le temps de poser des questions.

Cela peut impliquer de prendre un autre rendez-vous médical afin d'avoir plus de temps pour échanger sur le sujet. Il ne s'agit pas d'une décision qui devrait être prise à la légère. Certains craindront de devoir prendre des médicaments toute leur vie, d'autres d'être jugés par leurs pairs ; d'autres, au contraire, penseront que cela réglera tous leurs problèmes et qu'ils n'auront aucun effort à faire, alors que ce n'est malheureusement pas le cas.

Quelles informations ont été données par le médecin ?

Certains jeunes ou parents me disent qu'ils ont été bien informés concernant les effets secondaires possibles de la médication prescrite. D'autres me rapportent qu'on ne leur a que très brièvement donné des informations à ce sujet. Pour ces derniers, il sera plus difficile de faire un suivi et de contacter rapidement le prescripteur si certains effets secondaires dérangeants se présentent, puisqu'ils auront peu d'outils pour les identifier. Par exemple, les parents peuvent penser que leur enfant fait une indigestion alors qu'il s'agit d'effets secondaires de la médication.

Il apparaît essentiel d'informer les jeunes et les familles des effets secondaires potentiels afin qu'ils puissent prendre une décision éclairée quant à la prise d'antidépresseurs et assurer un suivi approprié à ce sujet.

Quand et comment arrêter de prendre des antidépresseurs ?

Les suivis médicaux réguliers seront importants pour évaluer la présence d'effets secondaires pour un enfant en particulier, mais aussi pour réévaluer la nécessité de poursuivre la prise de la médication. Plusieurs variables seront considérées lors de cette réévaluation, notamment les changements sur le plan des capacités d'adaptation et sur la qualité du soutien social reçu[58], le développement neurobiologique et la maturation. Le fait que les enfants et les adolescents sont en croissance et en développement sur plusieurs plans complexifie l'évaluation des traitements.

Il est important de savoir que l'arrêt des antidépresseurs peut présenter un défi pour certains, alors que cela se fera sans difficulté pour d'autres. Les problèmes rencontrés sont généralement de deux ordres. Il peut s'agir: 1) d'effets physiologiques de sevrage, 2) du retour de certains symptômes de dépression ou d'anxiété, souvent parce que la personne n'a pas appris comment les gérer, les accepter ou les diminuer, ou que le milieu dans lequel elle évolue n'a pas changé. Par exemple, si le jeune n'a pas travaillé sur lui-même, s'il n'a pas eu la possibilité de mieux comprendre les sources de sa détresse, il risque de vivre une recrudescence de ses symptômes.

Les effets physiologiques du sevrage sont souvent peu mentionnés par les personnes qui prescrivent la médication[59] et, encore une fois, les recherches sur l'arrêt d'antidépresseurs chez les enfants et les adolescents sont rares. Pour cette raison, la majorité des études citées dans cette section ont été menées auprès d'adultes.

Dans une étude réalisée auprès d'adultes dans 31 pays, 93,5 % d'entre eux ont mentionné que le médecin qui a prescrit les antidépresseurs n'avait pas parlé des effets possibles de sevrage lorsqu'il a prescrit la médication[60]. Dans deux autres études, moins de 1 % des gens rapportent que la personne qui leur a prescrit des antidépresseurs les a informés d'un potentiel sevrage[61,62].

Les symptômes de sevrage varient selon la classe de médicament, mais les plus fréquemment mentionnés sont notamment la nausée, l'insomnie, les vertiges, les sensations de décharge électrique, les mouvements anormaux et les tremblements, les symptômes qui s'apparentent à une grippe (p. ex. fatigue, léthargie, frissons), l'anxiété, l'agressivité ou une tristesse accrue[63,64,65].

En s'appuyant sur 24 études provenant de différents pays partout dans le monde, dont le Canada, le Royaume-Uni et la

Nouvelle-Zélande, des chercheurs ont conclu que 56 % des personnes qui arrêtaient de prendre des antidépresseurs présentaient des symptômes de sevrage[66]. Près de la moitié de ces individus (46 %) décrivaient leurs symptômes comme sévères. De plus, pour la majorité des personnes qui présentaient des symptômes de sevrage, ces derniers duraient plus de deux semaines : pour certains, il s'agissait de plusieurs mois et, plus rarement, de plusieurs années. Nous en savons peu sur le sevrage chez les enfants et les adolescents, mais les personnes les plus jeunes risqueraient davantage de souffrir de symptômes de sevrage[67]. Conséquemment, un plan d'arrêt bien orchestré et supervisé est essentiel.

Au Canada et aux États-Unis, les lignes directrices générales ne suggèrent pas d'enjeux majeurs en lien avec l'arrêt des antidépresseurs. On parle plutôt d'effets de sevrage qui durent habituellement quelques semaines et qui sont généralement mineurs[68]. D'ailleurs, on peut lire ceci sur un site Web du Gouvernement du Canada : « Dans de rares cas, il peut être difficile de cesser de prendre un antidépresseur même en procédant graduellement[69]. »

L'Angleterre, qui avait des lignes directrices similaires à celles du Canada, les a modifiées de façon importante récemment. En effet, le National Institute for Health and Care Excellence et le Royal College of Psychiatrists mentionnent dorénavant que l'arrêt d'antidépresseurs peut être ardu et prendre beaucoup plus de temps qu'on ne le croyait auparavant[70]. Ils recommandent de diminuer graduellement les doses, d'échelonner le sevrage sur plusieurs semaines ou mois, voire plus, et de s'ajuster en fonction des réactions de chacun.

La Belgique (Centre belge d'information pharmacothérapeutique – CBIP) a également mis à jour ses lignes directrices en 2024 et mentionne ceci : « Tous les antidépresseurs peuvent provoquer des symptômes de sevrage lorsqu'ils sont arrêtés ou interrompus. Il ressort de données récentes que les symptômes de sevrage sont plus fréquents et, chez certains patients, plus graves et plus durables qu'on ne le pensait auparavant[71]. » Le guide de la Belgique mentionne qu'il manque de preuves pour détailler la meilleure méthode pour arrêter les antidépresseurs et que les symptômes de sevrage sont souvent non identifiés et confondus avec une rechute de dépression.

Rechute ou symptôme de sevrage ?

Il est parfois difficile de distinguer une rechute d'un sevrage. Par exemple, un jeune qui arrête un antidépresseur et qui développe des symptômes d'anxiété importants et des troubles de sommeil peut penser qu'il vit une rechute, alors qu'il s'agit de symptômes de sevrage. Sur le plan psychologique, il peut se sentir coupable, s'en vouloir et penser qu'il n'est pas assez « fort » pour vivre sans médication, alors que ce n'est pas du tout le cas.

Dans ces situations, un suivi serré avec un professionnel de la santé compétent est primordial. Ce dernier recommande généralement un arrêt plus progressif, ce qui peut nécessiter de réaugmenter la dose dans un premier temps.

Voici certaines informations utiles pour distinguer les symptômes de sevrage de ceux d'une rechute.

- Les symptômes de sevrage apparaîtront très rapidement (souvent en moins d'une semaine) après la diminution de la dose ou l'arrêt des antidépresseurs.
- Si les symptômes sont différents de ceux que le jeune avait initialement, c'est qu'il s'agit probablement de symptômes de sevrage et non d'une rechute.
- Les symptômes de sevrage disparaîtront rapidement si la dose est augmentée au même niveau qu'auparavant.

Des investigations médicales non nécessaires sont parfois menées afin de comprendre les symptômes rapportés, sans considérer qu'il puisse s'agir d'effets du sevrage.

Certains jeunes qui croient s'être fait diagnostiquer à tort une rechute, alors qu'ils pensent plutôt présenter des symptômes de sevrage, décident de continuer à diminuer le dosage de leur médication au lieu de l'augmenter, comme le recommande leur médecin.

Ainsi, ils s'aventurent parfois vers une diminution de la médication sans suivi médical, ce qui est déconseillé. Ils risquent alors d'éprouver plusieurs symptômes de sevrage, parce que la diminution du dosage est trop draconienne, ou de ne pas identifier d'autres problèmes de santé en pensant qu'il s'agit de symptômes de sevrage. Certaines personnes qui tentent de s'entraider pour se sevrer des antidépresseurs ont d'ailleurs formé des groupes sur les réseaux sociaux.

Très peu de recherches portent sur les symptômes de sevrage, encore moins sur les jeunes qui décident d'arrêter de prendre des antidépresseurs. Malheureusement, de façon générale, les professionnels de la santé n'ont pas encore le réflexe d'avertir leurs patients, avant de prescrire des antidépresseurs, que leur arrêt éventuel pourrait être ardu et long[72]. Toutefois, sans cette information, il est difficile pour une personne de consentir à la prise d'antidépresseurs d'une façon totalement éclairée.

En tant que parent, il est utile de garder ces informations en tête si votre enfant se fait prescrire des antidépresseurs ou s'il envisage d'arrêter de prendre la médication qu'il consomme déjà. Cela vous aidera à poser les bonnes questions et à prendre la meilleure décision possible, en toute connaissance de cause.

D'un point de vue sociétal, étant donné la forte hausse de consommation d'antidépresseurs chez les enfants et les adolescents dans un très court laps de temps, les effets de sevrage ont le potentiel de devenir un problème de santé publique important dans un avenir pas si lointain.

VRAI OU FAUX ?

Les antidépresseurs aident à renforcer l'estime de soi.

Faux. Les antidépresseurs peuvent contribuer à améliorer l'humeur et le niveau d'énergie, c'est vrai. Ils ne règlent quand même pas les enjeux sous-jacents aux symptômes, comme une faible estime de soi, et n'apprennent pas au jeune comment:

- tolérer la détresse;
- accepter et gérer les émotions difficiles comme la honte, la jalousie, la colère, la tristesse ou le rejet;
- mieux vivre avec son état et accepter ses traumatismes;
- faire des deuils plus sereinement;
- gérer les difficultés dans les relations sociales ou familiales, etc.

Pour certains, la médication est comme une bouée de sauvetage : elle est donc essentielle puisqu'elle peut prévenir une noyade. Cela dit, elle n'apprend pas au jeune à nager ni à vaincre sa peur de l'eau. C'est pourquoi il est recommandé qu'elle soit accompagnée d'une psychothérapie. Pour d'autres jeunes, la médication n'est pas indiquée et une aide visant à travailler sur les causes sous-jacentes de leur détresse est nécessaire. Ce sujet sera abordé plus en détail au chapitre suivant.

Chapitre 3

LA MÉDICATION NE RÈGLE PAS TOUT

Certes, les antidépresseurs peuvent aider dans certaines situations et même sauver des vies, mais ils ne règlent pas l'ensemble des enjeux ayant placé le jeune dans l'état où il est. Cet état a souvent eu besoin de plusieurs mois ou années pour prendre racine, parfois de façon plus ou moins insidieuse.

Si le jeune s'est rendu à un état de détresse ou de dysfonctionnement avancé, au point qu'un professionnel a estimé qu'il avait besoin de consommer des antidépresseurs, c'est que les raisons sous-jacentes devaient être sérieuses (du moins si l'évaluation a été rigoureuse).

Offrir uniquement des antidépresseurs à un jeune en détresse psychologique lui envoie le message que ses difficultés sont seulement d'origines neurologique et physique. Pourtant, les problèmes d'ordre psychologique sont complexes et multifactoriels. Les antidépresseurs aident à réguler l'humeur en agissant sur certains neurotransmetteurs, mais ils ne règlent pas les problèmes de fond. Ceux-ci auront tendance à revenir après l'arrêt de la prise de médication si on continue de les ignorer.

Dans ce chapitre, j'aborderai certains enjeux qui peuvent être sous-jacents aux difficultés affectives vécues par les enfants et les adolescents, et sur lesquels les antidépresseurs auront peu ou pas d'impact.

Difficultés dans les relations interpersonnelles

Les enjeux qu'un jeune vit dans la sphère sociale sont variés. Voici quelques exemples : des conflits fréquents avec les pairs, des mauvais choix de fréquentations, des difficultés à se faire des amis ou à les garder. Les raisons derrière ces embûches peuvent être tout aussi nombreuses, notamment le manque d'habiletés sociales, la difficulté à être soi-même, l'anxiété, l'impression d'être mal compris ou rejeté, alors que ce n'est pas le cas, l'impulsivité qui pousse à dire des choses blessantes sans le vouloir ou à être sur la défensive, le manque de flexibilité, d'empathie ou d'estime de soi, l'environnement dans lequel le jeune évolue qui lui a appris à interagir avec les autres d'une certaine façon, une tendance à éprouver de la jalousie, la difficulté à comprendre la vision ou les émotions des autres, la méfiance découlant d'expériences passées, etc.

Les problèmes répétitifs dans les relations interpersonnelles ont souvent un grand impact sur la perception de soi, sur l'estime de soi et sur la santé mentale des enfants et des adolescents.

Un jeune qui présente des difficultés répétées dans ses relations sociales aura souvent besoin d'aide pour travailler sur les causes sous-jacentes à celles-ci. La prise d'antidépresseurs ne suffira pas à lui permettre de développer des relations nourrissantes qui vont perdurer. En effet, la médication n'améliore ni les faibles habiletés sociales, ni l'estime de soi, ni la capacité à s'affirmer adéquatement. Elle n'a pas non plus d'effet miraculeux sur la capacité à régler ou à tolérer les mésententes, à faire des compromis ou à comprendre le point de vue de l'autre, à choisir les bons amis et à s'exprimer respectueusement sans être trop influencé par ses expériences passées.

Par ailleurs, certains jeunes qui présentent un trouble du spectre de l'autisme ou des traits typiques de ce trouble auront besoin de beaucoup de soutien pour surmonter les aléas des relations interpersonnelles. Voyons plus en détail certains enjeux spécifiques touchant les relations sociales.

Inégalité dans les relations sociales

Ce que les jeunes ont appris dans leurs relations avec leurs parents leur servira de base pour développer et entretenir des relations avec leurs pairs[1]. En ce sens, celles-ci peuvent être plus ou moins saines. Les relations égalitaires reposent notamment sur le respect, la confiance mutuelle, l'honnêteté, la bonne communication, la compréhension ainsi que la capacité à conserver un certain calme lors des conflits[2]. Le consentement mutuel doit également être respecté.

En contrepartie, les relations nuisibles impliquent une inégalité de pouvoir. Ce type de relation présente souvent des lacunes dans la confiance mutuelle, la gestion de la colère, la capacité à faire des compromis par la personne qui a le plus de pouvoir, ainsi que dans l'honnêteté et le consentement[3]. De telles relations peuvent laisser des traces. Si tel est le cas, les adultes pourront aider les adolescents à remarquer les impacts négatifs que certaines de ces relations ont sur eux et les soutenir dans leur cheminement s'ils décident de s'en éloigner. Il est préférable de faire ce processus en douceur, surtout chez les adolescents, sinon ces derniers peuvent se braquer et s'opposer à une pression trop forte.

Intimidation

Bien évidemment, la médication ne mettra pas fin à l'intimidation que vit le jeune, si tel est le cas. Cette situation peut avoir des effets majeurs sur son bien-être et son développement. Certaines recherches ont démontré que ses effets sur certaines structures du cerveau peuvent être similaires à ceux provoqués par des abus verbaux durant l'enfance[4]. Entre autres, certains sous-champs de l'hippocampe gauche deviendraient atrophiés, ce qui pourrait contribuer à des difficultés de mémoire et d'apprentissage.

Avec la venue des réseaux sociaux, un enfant victime d'intimidation peut l'être à n'importe quel moment de la journée, sept jours sur sept. Si les difficultés d'un jeune sont liées à de l'intimidation, le recours aux antidépresseurs ne sera pas ce qu'il y a de mieux. Il sera beaucoup plus pertinent de mettre en place des mesures pour que les gestes d'intimidation cessent. Les adultes de l'entourage auront un rôle clé à jouer dans ce type de situation. Par exemple, les parents peuvent communiquer avec le personnel enseignant ou la direction de l'école pour expliquer la situation et trouver des façons d'y remédier. Selon la gravité de l'intimidation, il est même parfois nécessaire d'impliquer la police. L'école, quant à elle, devra collaborer pour protéger l'enfant.

Les parents et les autres adultes impliqués devront veiller à garder la communication ouverte avec l'enfant, sans le forcer à parler de tous les détails de l'intimidation qu'il vit, mais plutôt en lui disant qu'ils sont disponibles pour l'aider et l'écouter. Si les adultes insistent trop, il arrive parfois que les jeunes se referment complètement et ne parlent plus à personne de ce qu'ils vivent.

De nombreux jeunes auront besoin d'un suivi en psychothérapie pour se rétablir de ces expériences et ne plus douter de leur valeur. Pour certains, il s'agira de traiter des symptômes de nature post-traumatique ; pour d'autres, de rebâtir leur estime de soi, leur désir d'aller vers les autres ou leur capacité à faire confiance à nouveau.

La recherche a démontré des liens entre les troubles anxieux, l'intimidation et une faible estime de soi[5]. L'intimidation peut faire baisser l'estime de soi et augmenter l'anxiété. Par exemple, un jeune qui craint de se faire abandonner par ses amis parce qu'il a vécu de l'intimidation quand il était plus jeune peut devenir anxieux et réagir agressivement au moindre signe qui lui ferait croire qu'on l'exclut. Dans cette situation, une aide professionnelle lui permettra de « digérer » les traumatismes qu'il a potentiellement vécus lorsqu'il se faisait intimider. Cette aide l'amènera aussi à constater que ses réactions sont exacerbées par son passé et qu'elles ne sont pas toutes reliées à la situation qu'il vit présentement. Il sera ainsi plus facile pour lui de faire la part des choses et de mieux comprendre ses émotions, ce qui pourra diminuer l'intensité de celles-ci. Il augmentera alors ses chances de vivre des relations sociales plus harmonieuses et stables.

Il a d'ailleurs été démontré que la psychothérapie visant à traiter l'anxiété des jeunes contribue à faire diminuer les comportements d'intimidation à leur égard[6].

L'adolescence : une période charnière

Il est important de garder en tête que l'adolescence est une période de transformations où les jeunes, de plus en plus indépendants, sont à la recherche d'une identité qui leur est propre. Il s'agit de l'étape développementale où ils s'individualisent et s'éloignent graduellement de leurs familles. Les pairs jouent un rôle important à cet égard. Les amis prennent de plus en plus de place dans leur vie et ont un grand impact sur leur bien-être psychologique.

L'adolescence est également une période pendant laquelle le regard des autres revêt une importance majeure et a un impact sur l'estime de soi. Il est donc recommandé de ne pas minimiser les difficultés que vit un jeune dans la sphère sociale et de le soutenir à cet égard.

Absentéisme scolaire

Le pourcentage de jeunes qui s'absentent de l'école de manière chronique a augmenté dans les dernières années, particulièrement depuis la pandémie de COVID-19. Au Québec, il est passé d'environ 6 % à près de 10 %[7], alors qu'aux États-Unis, il a grimpé de 15 % à 26 %[8].

Plusieurs hypothèses sont avancées pour expliquer ce phénomène : augmentation des problèmes de santé mentale comme l'anxiété et la dépression, difficultés scolaires et troubles d'apprentissage non diagnostiqués, impression qu'il est acceptable de s'absenter de l'école en raison des arrêts scolaires imposés pendant la pandémie, manque d'encadrement parental, manque d'interventions de la part de certaines écoles lors d'absences répétées, impression qu'ont certains jeunes que l'école n'est pas un milieu fait pour eux, et débordement des organismes de protection de l'enfance qui peinent parfois à s'impliquer.

Cette augmentation rapide du taux d'absentéisme scolaire est préoccupante. Dans la vaste majorité des cas, les antidépresseurs ne seront pas la solution. Dans certaines situations, ils peuvent aider en diminuant l'intensité des symptômes dépressifs ou d'anxiété, mais d'autres interventions – adaptées en fonction des raisons de l'absentéisme – sont souvent nécessaires pour arriver à ramener un jeune à l'école.

Par exemple, si le jeune présente des difficultés d'apprentissage, on devra les identifier et les comprendre pour mettre en place les bonnes mesures d'accommodement scolaire. De cette façon, il pourra vivre des réussites et se sentir plus à sa place à l'école. Si le jeune souffre d'un problème de santé mentale comme l'agoraphobie et qu'il évite d'aller à l'école, craignant d'y faire des attaques de panique, il aura besoin d'un suivi en psychothérapie et de soutien à l'école (par exemple, un intervenant sur place qu'il pourra aller voir lorsque l'anxiété deviendra trop intense).

L'objectif est que le jeune arrive à percevoir l'école comme un milieu de vie et non pas seulement comme un endroit où il doit performer et réussir à tout prix. Pour prévenir l'absentéisme, les écoles peuvent jouer un rôle important en offrant du soutien et un encadrement serré, combinés à une bonne collaboration avec les parents[9]. Ces derniers peuvent avoir un impact majeur en valorisant la fréquentation scolaire et en tâchant de ne pas encourager l'évitement, qui débute parfois en douceur et se camoufle derrière des plaintes somatiques (p. ex. le jeune se plaint de maux de tête ou de ventre, etc.).

Tolérance à la détresse

Certains jeunes ont de la difficulté à tolérer la détresse et les émotions difficiles ou intenses comme la honte, la culpabilité ou la colère. Ils ont tendance à se sentir rapidement submergés ou dépassés par leurs émotions. Plusieurs facteurs expliquent cette difficulté. Par exemple, des traumatismes passés, un mécanisme de défense utilisé pour rester fonctionnel, une éducation ayant véhiculé le message qu'il était mieux de ne pas exprimer ses émotions ou de le faire en explosant, un manque de modelage des parents, etc. Il sera alors bénéfique pour ces jeunes d'apprendre à tolérer la détresse, et ce n'est pas par la médication qu'ils y parviendront. Celle-ci diminuera peut-être l'intensité de certaines réactions émotionnelles, mais elle n'apprendra pas aux jeunes des stratégies pour gérer la détresse s'ils cessent de prendre la médication.

De plus, il faut souvent travailler sur les causes sous-jacentes du comportement observable. Par exemple, un jeune qui vit de la honte chaque fois qu'il reçoit une critique, même si celle-ci se veut productive, risque de réagir défensivement si son enseignante lui explique avec gentillesse qu'il aurait dû détailler davantage sa démarche en mathématiques. Il pourrait vouloir se sortir le plus rapidement possible de la situation si elle devient émotionnellement intolérable pour lui et repousser son enseignante ou se montrer agressif envers elle. En effet, l'intensité de sa honte et l'impression que son enseignante confirme ce qu'il croit profondément – qu'il est inadéquat et qu'il ne vaut rien – peuvent devenir trop lourdes pour lui. Un travail en psychothérapie sur son estime de soi et sa capacité à tolérer les critiques lui serait probablement bénéfique.

Deuils et transitions de vie

Un deuil n'est pas seulement vécu lors d'un décès. Il peut prendre diverses formes. Voici quelques exemples de deuils que les jeunes peuvent vivre :

- Le deuil de la santé. Un problème de santé conduit le jeune à faire le deuil de qui il était avant de recevoir un diagnostic. Il peut aussi s'agir d'une maladie chez un parent, un frère ou une sœur.
- Le deuil d'un sport. L'arrêt d'un sport en raison d'une blessure, par exemple, peut entraîner le deuil d'une activité valorisante, d'une partie de l'identité du jeune et des contacts sociaux associés à cette pratique.
- Le deuil relationnel. Par exemple, un jeune peut vivre une rupture qui entraîne la perte d'un lien intime avec une personne aimée.
- Le deuil d'un animal de compagnie. Les effets de ce type de perte sont souvent sous-estimés par l'entourage, mais ils sont bien réels.

- Le deuil d'un milieu de vie. Il peut s'agir d'un déménagement qui exige un changement d'école et d'amis. Le jeune fera alors le deuil de sa vie d'avant.
- Le deuil d'une famille. Celui-ci est vécu quand les parents se séparent.

Les antidépresseurs ne sont pas la voie indiquée pour un jeune qui vit un deuil. Il s'agit d'un processus normal et sain qui affecte l'humeur, certes, mais qui n'est pas pathologique. Un deuil peut évidemment se transformer en dépression ; il faut donc être vigilant et aller chercher de l'aide lorsque le fonctionnement du jeune est affecté ou qu'il vit une grande détresse qui perdure.

Les enfants et les adolescents ont également besoin de s'adapter à plusieurs transitions de vie, par exemple l'entrée à la garderie, à l'école primaire ou secondaire, la première relation amoureuse, le premier travail, etc. Ces moments, même s'ils semblent parfois positifs, sont une source de stress. Selon la personnalité, les sources de soutien et les capacités d'adaptation de chaque jeune, ces changements peuvent être plus ou moins bien vécus. Pour certains, ils représenteront une occasion de grandir ; pour d'autres, un point de bascule qui leur fera perdre leur équilibre psychologique.

Troubles d'apprentissage

Certains jeunes présentent des troubles d'apprentissage, touchant par exemple la lecture, l'écriture ou les mathématiques. Je ne fais pas référence ici aux difficultés dues à de l'absentéisme scolaire ou à un manque de disponibilité pour apprendre, à des enjeux psychosociaux, à une déficience visuelle, auditive, motrice ou intellectuelle ni à un trouble neurologique.

Les jeunes qui présentent des troubles d'apprentissage, surtout non diagnostiqués, sont à risque de développer des symptômes d'anxiété ou de dépression. En effet, ils peuvent faire beaucoup d'efforts, mais leurs notes ne suivent pas, et leurs apprentissages restent difficiles. Il sera primordial de diagnostiquer les troubles d'apprentissage afin que le jeune comprenne pourquoi acquérir de nouvelles notions scolaires est si ardu pour lui. Il faudra aussi lui fournir de l'aide pour éviter qu'il s'épuise ou qu'il vive des échecs à répétition, en dépit de ses efforts.

Traiter des symptômes anxio-dépressifs sans identifier les troubles d'apprentissage sous-jacents ni mettre en place des mesures d'accommodement scolaire n'éliminera pas le problème. Il s'agit d'éléments distincts qui exigent des formes d'intervention différentes.

Lorsqu'on soupçonne des troubles d'apprentissage, il est important de procéder à une évaluation en bonne et due forme, laquelle permettra de déterminer le niveau de fonctionnement intellectuel, d'habiletés scolaires et d'autres fonctions cognitives comme l'attention et la mémoire.

Dans ma pratique, j'ai rencontré des jeunes tellement soulagés de se faire expliquer leur profil neuropsychologique. Par exemple, certains étaient surpris de savoir qu'ils étaient très intelligents. En effet, leur trouble d'apprentissage, comme un gros nuage gonflé de pluie au-dessus de leur tête, avait tellement d'impact sur leur perception d'eux-mêmes qu'ils ne remarquaient plus leurs forces. Les mesures d'accommodement font alors l'effet d'un parapluie qui leur permet de continuer leur parcours malgré les défis scolaires auxquels ils font face. Les services reçus en orthopédagogie ou en orthophonie viendront réduire l'intensité des précipitations.

Faible estime de soi

Les impacts d'une faible estime de soi peuvent être nombreux et sérieux. Une faible estime de soi est associée à une santé physique et mentale plus précaire, à la délinquance, à l'agressivité, à de plus grands risques de subir de l'intimidation par les pairs et à des moyens financiers limités à l'âge adulte[10,11,12,13,14]. En contrepartie, une estime de soi saine est associée à de meilleures performances au travail ainsi qu'à des niveaux de satisfaction et d'intimité plus élevés dans les relations affectives[15,16].

L'adolescence entraîne bien souvent une réévaluation de soi et de ses valeurs. Plusieurs parents m'expriment qu'ils ont l'impression que leur enfant avait une bonne estime de soi avant d'entrer dans la puberté. Les adolescents qui sont notamment acceptés par leurs amis, satisfaits de leur apparence et appréciés par les autres ont tendance à avoir une meilleure estime de soi. Un écart entre le soi perçu, c'est-à-dire comment la personne se perçoit, et le soi idéal, c'est-à-dire comment la personne voudrait être, peut contribuer à des sentiments d'insatisfaction et de tristesse[17].

Un jeune qui présente une faible estime de soi aura tendance à craindre l'opinion des autres et à ne pas dire ce qu'il pense vraiment. Il pourra également poser des gestes avec lesquels il n'est pas nécessairement à l'aise, dans l'espoir d'être accepté et aimé. Après un certain temps, il aura de plus en plus de difficulté à savoir qui il est vraiment, ce qu'il aime et ce à quoi il aspire. Certains jeunes qui me consultent en arrivent même parfois à ne plus vraiment ressentir leurs émotions. Ils se laissent en quelque sorte porter sur des vagues qui les mènent au large, sans tenter de contrôler où ils vont. Ils vivent souvent une grande détresse, laquelle est toutefois si bien enfouie au fond d'eux qu'elle est peu observable de l'extérieur et même difficilement ressentie par le jeune lui-même. Ils me diront: «Je fais souvent des attaques de panique, mais je n'ai aucune raison d'en faire» ou «Je pleure tous les soirs en me couchant, mais je ne comprends pas du tout pourquoi.» Souvent, il s'agit d'une déconnexion qui s'est faite graduellement afin de protéger le jeune et d'assurer sa survie.

En conclusion, plusieurs solutions potentielles et de nombreux aspects du fonctionnement du jeune doivent être considérés afin de rehausser son bien-être psychologique. En surface, les causes de la détresse semblent parfois banales, par exemple une rupture amoureuse après deux semaines de fréquentation ou le fait de ne pas avoir été sélectionné par une équipe sportive. Toutefois, si la réaction du jeune est telle qu'il présente une souffrance psychologique importante et persistante ou qu'il n'arrive plus à faire ses activités usuelles, ce déclencheur est fort probablement allé toucher d'autres fragilités.

Pour aider le jeune à sortir de cet état et à diminuer les risques d'y retourner, différentes pistes sont à explorer. Certes, la prise d'antidépresseurs fait partie des options à considérer. Cependant, la psychothérapie est recommandée en première instance afin que le jeune retrouve un équilibre psychologique – et le conserve – en travaillant sur les raisons profondes de sa détresse.

Dans de nombreuses situations, le recours à des interventions psychosociales (p. ex. de l'aide pour régler des conflits impliquant plusieurs jeunes de l'école ou pour favoriser la mise en place d'une gestion parentale plus constante) ou à une thérapie familiale sera aussi très utile.

La médication n'est qu'une avenue parmi d'autres et n'est parfois pas ce dont le jeune a besoin.

Chapitre 4

BIEN CERNER LE PROBLÈME

Cela fait quelques semaines que votre enfant est devenu irritable et d'humeur maussade. Ses notes sont en chute libre. Il semble toujours fatigué. Il renonce même aux activités sociales et sportives qui lui ont toujours plu. Vous ne le reconnaissez plus, et vous vous inquiétez...

Quand on sent que son enfant perd pied, qu'il n'est plus lui-même ou qu'il n'arrive plus à vaquer à ses activités habituelles, il peut être pertinent de chercher une aide professionnelle. Souvent, la personne la plus accessible sera un médecin qui fera des recommandations ou orientera le jeune et sa famille vers les bonnes ressources, ou un autre intervenant, un psychologue par exemple, qui offrira l'évaluation et le traitement nécessaires.

Comme parent, il est important de savoir qu'une telle évaluation ne se fait pas en claquant des doigts. Le professionnel rencontré, pour faire un bon travail, devra prendre le temps de comprendre ce qui se passe avec le jeune, avant de suggérer une intervention ou un traitement. Il ne s'agit pas nécessairement d'obtenir un diagnostic. Toutefois, il est essentiel d'en arriver à une bonne compréhension des enjeux sous-jacents à la souffrance, et non pas juste de traiter des symptômes. Il importe de bien explorer les facteurs biopsychosociaux et familiaux pouvant jouer un rôle dans la perte d'équilibre psychologique du jeune et de comprendre leur impact sur sa vie. Cela permettra ensuite de bien cibler les pistes de solution et les traitements possibles.

Les objectifs de l'évaluation initiale sont, entre autres, de:

- définir les difficultés psychologiques éprouvées et leur intensité;
- bien comprendre l'interaction entre les facteurs affectifs, psychologiques, sociaux, familiaux, environnementaux, biologiques et scolaires qui concourent aux difficultés observées;
- reconnaître les causes sous-jacentes de la détresse ou des difficultés à fonctionner comme avant en considérant le milieu dans lequel le jeune évolue (ex. exigences élevées, précarité, manque de soutien).

Il n'est pas toujours facile de comprendre pourquoi un jeune agit ou se sent de telle ou telle façon. Par exemple, pourquoi est-il démotivé, n'arrive-t-il plus à dormir ou a-t-il des idéations suicidaires? Il faut parfois plus d'une rencontre avec un professionnel pour identifier la ou les sources des symptômes, le jeune devant se sentir en confiance avant de s'ouvrir.

De plus, plusieurs jeunes ne parleront pas des causes de leur souffrance: ils ne les connaissent tout simplement pas. Elles sont enfouies quelque part à l'intérieur d'eux dans un endroit difficilement accessible et ils auront besoin d'aide pour les découvrir. En outre, les causes sous-jacentes sont souvent multiples, ce qui rend le travail de débusquage complexe. Et puis, dans certaines situations, les symptômes rapportés sont normaux. Par exemple, si un jeune pleure souvent parce qu'il vit le deuil d'un être cher, il peut s'agir d'une réaction normale et adaptative.

Derrière chaque bouleversement psychologique et chaque symptôme observable se cache une histoire. Derrière cette histoire se trouvent des pistes de solution. Il s'agit souvent d'une histoire à plusieurs facettes qui interagissent les unes avec les autres: la facette biologique, endocrinologique (liée aux hormones), familiale, sociale, psychologique et sociétale. Le tout forme un beau casse-tête de

1000 morceaux, ce qui rend nos vies si riches, mais aussi si douloureuses parfois.

Pour que le jeune et sa famille se sentent à l'aise de raconter leur histoire, de parler des vrais enjeux et des éléments chargés émotionnellement de leur vécu, le professionnel doit créer un climat propice à l'établissement d'une relation de confiance.

Si le jeune et sa famille sentent qu'ils n'ont que quelques minutes pour expliquer leur situation, les informations fournies et la compréhension globale risquent d'être très partielles, ainsi que la confiance à l'égard des solutions proposées. Pour que le médecin ou le professionnel soit en mesure d'explorer toutes ces sphères, il aura besoin de temps. Si son prochain rendez-vous est dans 15 ou 30 minutes, il n'aura pas d'autres options que de tourner les coins ronds.

Évaluer un jeune qui a perdu son équilibre psychologique est beaucoup plus long que d'en traiter un autre qui a mal aux oreilles; toutefois, les plages horaires ne sont pas toujours ajustées en conséquence. En raison de diverses contraintes logistiques, tout le monde se sent pressé, tant le jeune que ses parents et le médecin. Cela n'est pas propice au partage de l'univers affectif d'une personne.

Une démarche à mener avec sérieux

Si votre enfant était fiévreux depuis deux semaines, des examens médicaux fort nombreux seraient faits et impliqueraient probablement différents professionnels de la santé. Pour une dépression, des investigations poussées sont aussi nécessaires, car il s'agit d'un trouble sérieux et complexe.

Sans évaluation en profondeur, on risque de manquer des éléments importants. De plus, la dépression chez les adolescents peut facilement passer inaperçue[1]. Certains facteurs peuvent expliquer ce phénomène, notamment la prédominance de l'irritabilité, de la réactivité émotionnelle et la fluctuation des symptômes[2]. Des adolescents auront de la difficulté à décrire comment ils se sentent et exprimeront plutôt leur souffrance psychique par leurs comportements (p. ex. des difficultés à se concentrer, de l'opposition ou de l'agressivité) ou par des symptômes physiques (p. ex. des maux de tête).

Une évaluation exhaustive s'avère donc essentielle. L'idéal est souvent d'inclure les parents (sauf contre-indication) et même parfois d'autres membres de la famille pour brosser un portrait qui tienne compte de plusieurs perspectives. Selon les problématiques, les enseignants ou d'autres membres de l'équipe-école peuvent être contactés ou remplir des questionnaires visant à connaître le comportement de l'enfant dans un autre milieu que la maison.

Dans certaines situations où les difficultés du jeune sont sérieuses et bien installées, il est même pertinent d'impliquer plusieurs professionnels dans le processus. À titre d'exemple, il y a plusieurs années, j'ai fait un stage en pédopsychiatrie dans un milieu où plusieurs intervenants participaient aux évaluations initiales derrière une glace sans tain, avec le consentement de la famille bien sûr. Nous étions au moins quatre professionnels (psychologues, travailleurs sociaux ou psychiatres) derrière cette vitre, en plus d'étudiants. Deux professionnels réalisaient l'entrevue avec la famille pendant plus d'une heure.

Ensuite, ils rejoignaient leurs collègues pour que tous puissent faire part de leurs impressions cliniques et établir un plan d'action. Les évaluateurs retournaient ensuite partager les conclusions et recommandations de l'équipe avec la famille. Si un suivi psychologique individuel était recommandé, la famille devait également s'engager dans une thérapie. Il est important que les parents soient impliqués dans le processus de guérison, et une thérapie familiale aide énormément.

Les problèmes de santé mentale sont multifactoriels. Il ne s'agit pas de blâmer les parents, mais de faire un travail collaboratif avec eux pour améliorer les pratiques parentales et les interactions entre les membres d'une famille, afin d'aider tout le monde. Les dynamiques peuvent toujours s'améliorer. Malheureusement, ce type de travail interprofessionnel si précieux semble de plus en plus rare, alors qu'il est pourtant de plus en plus nécessaire.

Un diagnostic est-il toujours nécessaire ?

Lorsque le jeune ou ses parents se présentent chez un professionnel de la santé avec des inquiétudes relatives à la santé psychologique, il n'est pas toujours nécessaire pour ce dernier de poser un diagnostic pour en arriver à suggérer les bonnes interventions ou le traitement adéquat. Toutefois, cela peut parfois aider le jeune et sa famille à mieux comprendre la situation, à s'adapter, à obtenir l'aide dont ils ont besoin et même à recevoir certaines subventions gouvernementales. Cela dépend de chaque situation.

Ainsi, les diagnostics sont grandement utiles lorsqu'ils sont bien posés et qu'ils ont une réelle pertinence (par exemple, pour mettre en place des mesures d'accommodement à l'école, veiller à ce que l'entourage comprenne mieux le jeune ou lui assurer les services appropriés), mais ils peuvent également affecter négativement le jeune et son entourage. Évidemment, s'il s'agit d'un faux diagnostic, les risques de se faire diriger au mauvais endroit (p. ex. vers des adaptations scolaires qui ne sont pas appropriées ou une médication inutile, etc.), de ne pas avoir accès au traitement adéquat ou de ne pas interpréter les difficultés de la bonne manière sont grands.

En me basant sur plus de 20 ans d'expérience clinique avec les enfants et les adolescents, j'en viens à la conclusion qu'il est important d'évaluer chaque situation individuellement et de se demander : « Est-ce qu'un diagnostic aidera l'enfant ? », mais aussi : « Est-ce qu'il aura le potentiel de lui nuire ? »

Vous vous demandez peut-être comment un diagnostic peut nuire. J'ai observé chez certains jeunes une tendance à se définir en lien avec leur diagnostic, alors qu'ils sont bien plus que cela. Ils vont, par exemple, se limiter et se dire :

- « J'ai fait une dépression sévère il y a quelques années ; il est donc préférable pour moi de ne pas m'inscrire dans le programme d'études qui m'intéresse, puisqu'il est exigeant et que je pourrais refaire une dépression. »

- «Je suis une personne qui souffre d'un trouble d'anxiété généralisée et d'agoraphobie et je le serai toute ma vie.»
- «J'ai un trouble de la personnalité limite; donc, c'est normal que je me fâche contre les gens pour de petites choses ou que j'agisse de telle ou telle façon.»

Si l'on reprend ce dernier exemple, cette simple affirmation coupe la possibilité de travailler sur soi pour s'améliorer et en venir à diminuer ses conflits avec les autres. De plus, il faut savoir que les troubles de la personnalité peuvent se résorber. Certes, cela exigera énormément de travail, mais c'est possible.

Des jeunes en arrivent parfois à faire des choix de vie qui affecteront leur avenir en raison d'un diagnostic qui fait référence à un problème passager; par exemple, ils choisissent un métier qu'ils ne jugent pas trop fatigant ou stressant, alors qu'ils auraient pu être beaucoup plus heureux dans un autre travail, basé sur qui ils sont vraiment et non pas sur des difficultés temporaires qu'ils ont vécues. Par ailleurs, comme les jeunes sont très affectés par le type d'environnement familial dans lequel ils vivent, il faut être prudent avant de poser un diagnostic. Par exemple, un adolescent peut présenter des réactions explosives dans sa famille parce qu'il a grandi dans le chaos et la négligence affective. Mais après des séances de thérapie familiale ayant entraîné une amélioration des interactions, il arrivera à mieux gérer ses émotions.

Enfin, gardons en tête que les enfants et les adolescents n'ont souvent pas les mêmes capacités que les adultes à faire des nuances et à remarquer toutes les teintes de gris entre le blanc et le noir. Nous l'avons vu, le développement du cerveau se poursuit jusqu'à environ 25 ans. Il est donc important de bien expliquer au jeune son diagnostic, si tel est le cas, et de lui laisser la chance de poser des questions. Le but est notamment qu'il comprenne que ce diagnostic ne le définit pas comme personne et qu'il ne s'agit pas nécessairement d'un état qui l'accompagnera toute sa vie.

Parfois, certains parents m'expliquent qu'ils ont l'impression que leur enfant est moins pris au sérieux, s'il se présente à l'urgence ou chez le médecin, depuis qu'il a reçu un diagnostic de trouble de la personnalité, même s'il consulte pour des enjeux qui ne sont pas liés à sa santé mentale.

La démarche diagnostique – si elle est nécessaire – doit donc être menée rigoureusement. De la même manière que la prescription d'antidépresseurs ne règle pas tout, l'obtention d'un diagnostic ne résout pas le problème, tout comme il n'est pas une fin en soi.

Bref, identifier les sources de la souffrance ainsi que les solutions potentielles constitue un processus complexe qui prend du temps, de l'humanité et un climat propice au partage d'informations sensibles. Les solutions sont souvent multiples. Par exemple : une évaluation et un suivi en psychologie pour le jeune, des changements d'habitudes de vie, un soutien psychosocial pour les parents ou une thérapie familiale, un soutien et des mesures d'accommodement dans le milieu scolaire, l'accès à de l'aide alimentaire pour la famille, la prise d'une médication au besoin, etc.

Si on ne donnait qu'un médicament antidouleur à un enfant qui a un cancer, cela serait considéré comme inacceptable. Prescrire seulement des antidépresseurs à un jeune déprimé ou anxieux est comparable. Lorsqu'un enfant souffre d'un cancer, on s'attend à ce qu'il consulte un oncologue, qu'il passe divers tests, qu'il soit ensuite opéré ou qu'il reçoive de la radiothérapie, de la chimiothérapie ou qu'il profite de toute autre intervention visant la guérison. Il pourrait recevoir le soutien d'autres professionnels au besoin (p. ex. physiothérapeutes, ergothérapeutes, nutritionnistes). Malheureusement, puisque la santé mentale est encore peu comprise et considérée, ce type de prise en charge globale est plus rare.

De plus, il est souvent bien difficile pour les parents de se battre pour obtenir de meilleurs soins pour leur enfant : ils ont leur propre détresse à gérer, et il s'agit d'une mission quasi impossible. Faute de compréhension de la complexité des enjeux, trop de gens qui ont un pouvoir décisionnel tendent à minimiser les impacts des difficultés psychologiques ou à penser que des services limités seront suffisants (p. ex. gestion de crise, soutien émotionnel ponctuel, accompagnement, informations écrites) sans voir la pertinence des traitements comme la psychothérapie. Ainsi, il est plus facile pour les décideurs de se fermer les yeux devant l'ampleur du problème. Faute d'accès aux ressources appropriées, le fardeau tombe sur les épaules du jeune, de sa famille et des gens dans sa vie (p. ex. ses enseignants et son médecin).

Se poser les bonnes questions

En résumé, il est important de considérer comment l'évaluation du jeune et la prescription d'antidépresseurs ou de médication ont été menées, si tel est le cas. Voici quelques questions à se poser.

- S'agissait-il d'un rendez-vous de quelques minutes (drapeau rouge) ?
- La psychothérapie a-t-elle été recommandée ?
- Si le jeune présente une hygiène de vie déficiente (p. ex. mange seulement un repas par jour, dort très peu et se couche à des heures tardives, etc.), des recommandations ont-elles été émises à cet effet ?
- Y aura-t-il un suivi rapproché ? (Il devrait y en avoir un pour évaluer les effets secondaires – si une médication a été prescrite –, pour continuer l'évaluation au besoin ou pour faire un suivi en lien avec l'évolution de la situation.)

Vous pouvez demander au professionnel que consulte votre enfant si le traitement recommandé est à son avis le meilleur ou s'il est prescrit par dépit, faute d'accès à la psychothérapie ou à d'autres services.

En 2019, une enquête journalistique a démontré qu'il était possible d'obtenir des antidépresseurs et des anxiolytiques lors de rendez-vous médicaux qui duraient entre 2 minutes 45 secondes et 14 minutes 56 secondes[3]. En outre, la plupart des médecins (10 sur 14) ne donnaient pas de rendez-vous de suivi. Cette enquête n'est certes pas une étude scientifique et présente plusieurs limites quant aux conclusions que nous pouvons en tirer. De plus, elle a été effectuée par une adulte. Conséquemment, on ne peut pas présumer que cette pratique est répandue auprès des enfants et des adolescents, mais ces données incitent à faire preuve de vigilance.

Il y a aussi lieu de se demander quel message nous envoyons à nos enfants si la seule solution offerte à leur souffrance psychologique est de la médication. Cela peut leur faire croire qu'ils n'ont pas de pouvoir sur leur propre bien-être psychologique, que la solution est seulement à l'extérieur d'eux, alors que cela ne pourrait être plus faux. Une partie de la réponse se trouve bel et bien à l'intérieur d'eux. Veillons à ne pas limiter leur capacité de poser des actions pour aller mieux et pour se rapprocher de qui ils sont vraiment.

Un travail d'équipe

Pour que le jeune ait envie de s'impliquer activement, les professionnels gagneront à l'inclure dans le processus décisionnel et à lui faire comprendre qu'il a du pouvoir, sans trop lui en mettre sur les épaules non plus. Il s'agit de trouver un équilibre entre le recours exclusif à un agent externe (la médication) et le fait de tout mettre sur les épaules du jeune et de sa famille. Une façon de faire participer le jeune est d'établir avec lui une compréhension commune des problèmes, des objectifs et du plan de traitement.

Une étude a démontré que les pédiatres, dans leur prise de décision relative à la prescription d'antidépresseurs, considèrent la sévérité des impacts fonctionnels, l'âge du patient et la disponibilité de la psychothérapie[4]. Malheureusement, cette dernière varie énormément selon les milieux et le revenu familial. Les enfants dont les parents ont plus de ressources (temps, disponibilité psychique, moyens financiers et compréhension des enjeux psychologiques de leur enfant) obtiendront souvent beaucoup plus rapidement des services spécialisés. En effet, ils chercheront dans le secteur privé, si ce type de soutien peut convenir à leur enfant. Ceux qui ont des ressources plus limitées ou des problématiques exigeant une équipe interprofessionnelle seront inscrits sur des listes d'attente souvent longues pour obtenir une évaluation psychologique et un suivi en psychothérapie dans le réseau public. De plus, ce suivi sera souvent d'une durée limitée.

Quand la médication devient nécessaire

À la suite d'une évaluation rigoureuse en bonne et due forme, il est évidemment possible qu'une des solutions identifiées soit de faire l'essai d'antidépresseurs. Cette option sera particulièrement pertinente si le jeune présente des symptômes importants et: 1) a essayé la psychothérapie (ou a tenté d'y avoir accès); 2) a apporté (ou tenté) des changements à ses habitudes de vie (p. ex. faire plus d'activité physique ou dormir davantage) ou à certains comportements nuisibles, mais reste très souffrant; 3) a vécu des changements recommandés dans le milieu familial et scolaire et, malgré tout cela, son fonctionnement reste affecté par des problèmes importants d'humeur.

Parfois, des changements aux habitudes de vie ne sont pas possibles, ni la participation à une psychothérapie, sans l'aide de la médication. Le jeune peut être trop avancé dans la dépression ou l'anxiété pour s'engager dans un processus de changement quelconque, que ce soit faire de l'exercice, sortir de la maison, dormir davantage, voir un psychologue, etc.

Dans ces situations, la médication peut devenir pertinente, comme le sont les béquilles lorsqu'une personne doit se déplacer avec une jambe cassée. Une fois la fracture réparée, le jeune devra faire des exercices et recommencer à marcher sans aide, mais pour le moment, le soutien des béquilles est essentiel. Ainsi, il continuera à avoir une vie minimalement satisfaisante et les impacts de sa jambe cassée seront amoindris puisqu'il pourra continuer d'aller à l'école et de voir ses amis.

Chapitre 5

CE QUI SE CACHE SOUS LA DÉTRESSE

Lorsqu'on comprend les causes sous-jacentes aux difficultés émotionnelles que vivent les jeunes, il devient plus facile de tracer leur chemin vers le mieux-être.

Il existe autant de raisons derrière la souffrance psychologique qu'il y a de jeunes qui ne vont pas bien. Il est donc impossible d'en faire une liste exhaustive, mais je vous présenterai les plus fréquentes selon mon expérience.

Comme parent, gardez en tête que les origines des difficultés psychologiques ne sont pas toujours simples à déceler, qu'elles sont souvent multiples et qu'elles peuvent être reliées au passé lointain ou à des prédispositions génétiques. Il est normal que vous ne soyez pas capable de les identifier : il faut parfois l'accompagnement d'un professionnel de la santé mentale.

Historique de traumatismes

Plusieurs jeunes ont vécu un événement traumatisant qui a laissé une marque plus ou moins profonde sur eux. Il arrive donc que des traumatismes, même ceux bien enfouis depuis plusieurs années, soient à l'origine des difficultés constatées.

Les événements traumatiques peuvent être de natures variées : accident de voiture, chute, blessure ou maladie chez le jeune ou chez un membre de sa famille, agression sexuelle ou physique, négligence, etc. Cet événement est vécu comme étant physiquement ou émotionnellement nocif ou menaçant, et il peut avoir des effets négatifs durables sur le fonctionnement ainsi que sur le bien-être mental, physique, émotionnel ou spirituel[1].

À la suite d'un trauma, les personnes affectées risquent de présenter différents symptômes : humeur dépressive, évitement de certaines situations, *flashbacks*, cauchemars, etc. Certaines se questionnent sur le sens de la vie et ne se sentent plus en sécurité dans divers contextes. D'autres éprouvent une peur constante, accompagnée d'une hypervigilance qui les épuise. Les antidépresseurs auront souvent une portée bien limitée dans ce type de situation, puisque l'origine de la souffrance est liée à un (ou des) événement(s) « non digéré(s) ».

Certains jeunes développeront un trouble de stress post-traumatique. En voici les principales caractéristiques[2].

- Avoir vécu un événement traumatique, avoir été témoin d'un tel événement chez un proche ou se l'être fait raconter par un être cher (sans en avoir été témoin).
- Avoir des pensées intrusives à propos du trauma, comme des *flashbacks* ou des rêves répétitifs.
- Présenter de l'évitement. Par exemple, éviter le lieu où l'événement est arrivé, des activités qui ressemblent à celles que le jeune faisait lors de l'événement, mais aussi des pensées ou des émotions liées à l'événement.
- Avoir une humeur ou des pensées négatives persistantes, de la culpabilité, un manque d'intérêt important pour les activités, un sentiment de détachement ou d'éloignement des autres, etc.
- Présenter une modification de l'éveil et de la réactivité, comme de l'hypervigilance, des réactions de sursaut exagérées, des problèmes de concentration, une perturbation du sommeil, de l'agressivité, etc.

Il est important de mentionner que les jeunes ne sont pas traumatisés seulement par des événements dignes d'un film d'horreur. L'intensité du traumatisme psychologique et les risques de développer un trouble de stress post-traumatique dépendent avant tout de la perception que le jeune a de la situation, et non pas de la situation elle-même ou de sa sévérité telle qu'elle est perçue de l'extérieur. Conséquemment, les situations peuvent être objectivement d'intensité variable, mais générer des symptômes post-traumatiques plus ou moins sévères. Par exemple, une chute d'un module de jeu qui n'implique que des blessures mineures, mais lors de laquelle le jeune a craint pour sa vie, peut générer des symptômes de nature post-traumatique.

Certains enfants ont vécu la pandémie de COVID-19 comme un choc brutal qui les a marqués, alors que ce n'est pas du tout le cas pour d'autres. Un événement qui semble anodin pour une personne peut être traumatisant pour une autre. Tout dépend de la façon dont il a été vécu et interprété.

Il sera aidant de ne pas porter de jugement sur les réactions du jeune face à un événement. Votre rôle sera plutôt de vous montrer empathiques et compréhensifs. Écouter le jeune vous aidera à mieux le comprendre. Vous serez peut-être tenté de l'influencer pour lui transmettre votre vision de l'événement. Par contre, en agissant de la sorte, vous pourriez l'amener à se sentir incompris et donc moins enclin à s'ouvrir à vous. De plus, comme adulte, vos propres expériences passées risquent de venir teinter vos réactions, soit en les amplifiant, soit en les atténuant.

Plus les adultes qui prennent soin des jeunes seront conscients de leurs propres biais, plus ils seront en mesure de les mettre de côté pour vraiment s'intéresser au vécu de l'autre. Chaque histoire est unique et gagne à être entendue. Celle de Mia illustre comment un historique de traumatismes affecte un enfant.

L'HISTOIRE DE MIA
Un trauma bien enfoui

Mia était une jeune de 13 ans qui présentait des symptômes dépressifs, combinés à une impression fréquente d'être déconnectée de ses émotions. Elle se décrivait comme indifférente et disait se sentir perdue, sans aucun repère. Elle avait commencé à s'automutiler pour ressentir quelque chose de temps en temps, mais elle se sentait extrêmement coupable lorsqu'elle voyait les cicatrices des coupures qu'elle s'infligeait.

Son médecin a recommandé des antidépresseurs, mais Mia n'en voulait pas et ses parents étaient hésitants. La jeune fille n'aimait pas prendre de médicaments et peut-être que, inconsciemment, elle savait que ce n'était pas la meilleure option pour elle. En effet, elle présentait des symptômes liés à un traumatisme que personne n'avait identifié jusqu'à maintenant.

Sa jeune sœur, Isabella, avait été subitement très malade quand Mia avait neuf ans. La famille avait été assaillie par de mauvaises nouvelles médicales et Isabella avait dû être opérée rapidement. Mia s'était sentie mise à l'écart par ses parents, complètement pris dans ce tourbillon. Elle était même allée vivre chez une de ses tantes pendant cette période. Toutes ces situations difficiles avaient fait en sorte que la petite fille était presque devenue une adulte à l'âge de neuf ans.

De temps à autre, une impression de vertige s'emparait d'elle ; Mia voyait sa sœur défigurée aux soins intensifs, entourée d'un assortiment de machines pour la garder en vie ; elle entendait également des bribes de phrases de ses parents évoquant des probabilités de décès ou des risques que sa sœur devienne aveugle. Un sentiment de peur, d'horreur, de solitude et d'abandon avait pris racine en elle.

À l'âge de 13 ans, Mia a accepté de s'engager dans une psychothérapie. Cette démarche l'a aidée à réaliser l'ampleur de ce qu'elle avait vécu, à mieux assimiler ses traumatismes, à reconstruire son estime de soi et à se reconnecter à son monde intérieur. Tout cela a exigé du temps, car il était essentiel de respecter son rythme afin qu'elle ne se retrouve pas face à certains démons sans être prête à les affronter.

Au Canada, 76,1 % des adultes rapportent avoir vécu un événement traumatisant qui aurait pu entraîner un trouble de stress post-traumatique au cours de leur vie[3]. Les événements les plus fréquents sont notamment le décès inattendu d'un proche, une agression sexuelle ou le fait de voir une personne gravement blessée ou tuée[4]. De ce groupe, 9,2 % auraient souffert d'un trouble de stress post-traumatique. Les pourcentages varient toutefois selon les situations vécues et l'âge. Par exemple, de 19 à 32 % des adolescents qui ont subi des blessures sérieuses souffriraient d'un trouble de stress post-traumatique au cours de l'année suivant l'événement[5].

Un événement traumatique peut entraîner plusieurs émotions intenses comme la peur, la honte, la culpabilité, l'incompréhension, le dégoût, la colère ou le stress. Certains jeunes vivront de tels événements et ne présenteront pas de difficultés psychologiques importantes ou ne développeront pas de trouble de stress post-traumatique, alors que d'autres oui.

Les facteurs suivants augmentent les risques de développer des symptômes de stress post-traumatique[6] :

- avoir déjà été exposé à des expériences traumatiques ;
- avoir été blessé ou avoir vu une personne blessée ou tuée ;
- avoir ressenti de l'horreur, de la peur extrême ou de l'impuissance pendant l'événement traumatique ;
- avoir reçu peu de soutien social après l'événement traumatique ;
- vivre un stress supplémentaire après l'événement traumatique, par exemple la perte d'un être cher, d'une maison, ou ressentir de la douleur ;

- avoir des antécédents familiaux ou personnels de problèmes de santé mentale ou de consommation de substances.

Évidemment, un enfant risque fort probablement de ne pas pouvoir verbaliser qu'il a vécu un ou des traumatismes et qu'il en garde des séquelles. Mais une évaluation psychologique approfondie les mettra en lumière. Les symptômes post-traumatiques sont souvent difficiles à identifier ; des mécanismes de défense peuvent entrer en jeu, notamment pour les cacher aux autres ou à soi-même. De plus, les liens entre les événements traumatiques et les symptômes que présente la personne ne sautent pas toujours aux yeux. Certains jeunes nieront qu'un événement spécifique a eu un impact sur eux, soit par peur du jugement, soit parce qu'ils ne sont pas en contact avec la partie d'eux qui a été affectée, soit parce qu'ils se protègent.

Le déni est un mécanisme de défense bien répandu, tant chez les plus petits que chez les plus grands. Les séquelles d'un traumatisme sont souvent confondues avec un TDAH, un trouble anxieux ou dépressif. Elles font fréquemment partie du tableau clinique chez les individus qui souffrent de douleur chronique.

Les symptômes de stress post-traumatique peuvent se développer immédiatement après un événement traumatique, mais aussi plusieurs mois ou années plus tard. Parfois, un événement marquant fera ressortir un traumatisme que la personne avait bien enseveli. Par exemple, un adolescent qui vient de subir un traumatisme craniocérébral léger lors d'une chute dans la cour d'école pourrait voir resurgir des souvenirs du moment où son père a été hospitalisé et où il a craint pour sa vie. Cela pourrait par la suite complexifier son rétablissement, sans même que le jeune ou sa famille en soient conscients.

Les traumas s'accumulent souvent en silence, bien enfouis en nous, et leur influence ou leur présence passent inaperçues. Toutefois, lorsqu'ils deviennent trop lourds ou trop nombreux, ils peuvent remonter à la surface et entraîner un trouble de stress post-traumatique ou d'autres problèmes de santé.

Si vous pensez qu'un jeune montre des signes de difficultés liés à un traumatisme, veillez à ce qu'il reçoive de l'aide professionnelle rapidement. Il aura ainsi moins de risques de développer un trouble de stress post-traumatique. Il est d'ailleurs possible de présenter des symptômes apparentés à un trouble de stress post-traumatique sans remplir les critères pour obtenir le diagnostic en tant que tel. Même s'ils ne cochent pas « toutes les cases », ces jeunes peuvent éprouver des difficultés de fonctionnement dans leur vie quotidienne ou une détresse importante, pour lesquelles un traitement psychologique serait bénéfique[7].

Il faut également savoir que ce type de trouble a tendance à empirer avec le temps et est souvent associé au développement d'autres problèmes de santé mentale. Par exemple, 52 % des personnes qui souffrent d'un trouble de stress post-traumatique souffriront également d'une dépression[8]. Bref, plus on traite ces difficultés tôt, plus elles ont de chances d'être résorbées.

Enfin, sachez qu'il est possible de se remettre d'un trouble de stress post-traumatique, et même d'en ressortir grandi. J'y reviendrai lorsque j'aborderai l'histoire de Cassandre, un peu plus loin dans ce chapitre.

Perturbations du sommeil

L'impact d'un manque de sommeil ou d'une pauvre qualité de sommeil sur la santé mentale des jeunes est sous-estimé. Ces facteurs peuvent entraîner des symptômes d'anxiété, de dépression, des idéations suicidaires ou encore des comportements antisociaux, de l'impulsivité ou une dépendance à des substances (alcool, drogue, médicaments)[9]. À l'inverse, un sommeil de qualité, en quantité suffisante, est associé à une meilleure capacité à gérer les émotions, à se concentrer et à apprendre. J'expliquerai au chapitre 8 comment aider les jeunes avec cet aspect de leur vie.

La relation entre le sommeil et la santé mentale est bidirectionnelle[10]. En d'autres mots, un sommeil de piètre qualité ou en quantité insuffisante contribue parfois au développement de problèmes de santé mentale et, à leur tour, les problèmes de santé mentale peuvent entraîner des difficultés de sommeil. Par exemple, les personnes anxieuses présentent souvent une hypervigilance et des ruminations qui affectent leur sommeil. La carence de sommeil peut à son tour exacerber les symptômes d'anxiété, puisque mal dormir rend la gestion des émotions plus difficile.

Malgré le rôle fondamental du repos sur la santé, cet aspect de l'hygiène de vie laisse à désirer chez plusieurs adolescents. Le fait de devoir se lever tôt pour se rendre à l'école, ainsi que le besoin grandissant d'autonomie et de contacts sociaux, font qu'il est souvent difficile pour les adolescents de dormir suffisamment. Ils ont besoin de temps pour leurs travaux scolaires et leurs études, mais ils veulent également en avoir pour voir leurs amis ou échanger avec eux. Certaines perturbations du sommeil sont attribuables à la stimulation des réseaux sociaux[11] et aux possibilités infinies d'Internet (p. ex. enchaîner des vidéos les unes après les autres, magasiner en ligne 24 heures sur 24).

En plus d'être associé à la dépression, à l'anxiété et à des difficultés émotionnelles[12,13,14,15], le manque de sommeil peut avoir des impacts négatifs sur la capacité d'une personne à mémoriser des informations[16], ce qui risque d'affecter la performance scolaire.

Dans une étude où la moyenne d'heures de sommeil était de 7 heures 8 minutes, les jeunes qui dormaient plus et maintenaient un nombre d'heures de sommeil constant obtenaient de meilleurs résultats scolaires[17]. Les mesures relatives au sommeil étaient responsables de presque 25 % de la variance dans la performance scolaire, ce qui est non négligeable.

Certains jeunes qui présentent des symptômes dépressifs n'ont pas de difficulté à s'endormir ou à rester endormis, mais ils le font de façon excessive, parfois plus de 12 heures par jour. Ils me décrivent souvent un manque de motivation à se lever et un désir de ne plus être exposés aux aléas de leur quotidien ni à leurs émotions. Des jeunes me confient qu'ils aimeraient dormir toute la journée pour ne plus rien ressentir. Mais s'ils étaient plus à l'aise de ressentir leurs émotions, leur détresse, s'ils étaient suffisamment bien accompagnés, peut-être sortiraient-ils de leur lit.

Par ailleurs, il arrive que les difficultés de sommeil soient considérées comme normales et transitoires, comme l'illustre la situation de Cassandre ci-dessous. Cela dépend du contexte, de leur persistance dans le temps et de l'impact sur le fonctionnement de la personne.

L'HISTOIRE DE CASSANDRE
Des réflexions nocturnes bénéfiques

Cassandre avait 16 ans lorsque sa meilleure amie est décédée subitement dans un accident. Son sommeil fut perturbé pendant plusieurs semaines après cet événement. Elle parvint finalement à s'endormir plus rapidement, mais se réveillait ensuite et passait une grande partie de ses nuits éveillée. La vitesse de la vie quotidienne ne lui laissait pas suffisamment de temps pour digérer cette tragédie ni pour comprendre et accepter que ses sentiments de sécurité et de contrôle avaient été durement ébranlés.

Elle était fatiguée, mais elle arrivait tout de même à faire ses activités habituelles et à maintenir ses notes à l'école. Une petite partie d'elle savait qu'il s'agissait d'un mal nécessaire. Il n'y avait pas suffisamment d'heures dans une journée pour qu'elle puisse trouver un sens à cette injustice, à cette mort soudaine d'une personne qu'elle aimait tant.

Si cette jeune avait pris une médication pour dormir, elle aurait peut-être été coupée de toutes ces réflexions, de ces larmes nécessaires et de ce qui a, plusieurs années plus tard, mené à une croissance post-traumatique.

Le phénomène de **croissance post-traumatique** est observé lorsqu'un individu est confronté à un ou des événements traumatiques et en ressort grandi, mieux qu'il était avant de vivre son ou ses traumatismes. La croissance post-traumatique provient d'un travail fait par l'individu qui en arrive à réévaluer ou à modifier les croyances ébranlées par son traumatisme, à découvrir de nouvelles forces en lui, à redonner de la vitalité à ses relations et à ajuster sa perception de lui-même, des autres et du monde[18,19]. Pour Cassandre, le soutien de ses parents, combiné au travail qu'elle a fait lors de notre suivi en psychologie, et à la force qu'elle a eue de se montrer vulnérable, lui a permis de réaliser ce cheminement.

Il peut être bénéfique, pour un adulte, d'être informé de l'existence de ce phénomène, qui permet de garder un certain espoir et de voir une lumière au bout du tunnel lorsqu'un jeune qu'on aime est grandement affecté par un événement marquant. Toutefois, je recommande de ne pas parler à ce dernier de la possibilité de croissance post-traumatique pendant qu'il est en détresse, pris dans la tourmente. Il pourrait mal le prendre et se dire que vous ne comprenez pas l'ampleur de sa souffrance.

Vous qui le voyez souffrir, sachez qu'il est possible pour votre enfant de ressortir grandi de cette adversité ; vous pouvez l'aider à ce que cela se produise. La patience sera essentielle : il s'agit d'un processus qui prend du temps, souvent des années.

Vie familiale

Idéalement, l'enfance devrait être empreinte d'innocence et de liberté, d'une capacité à être à 100 % dans le moment présent lors de jeux libres, etc. Vous avez sûrement déjà observé cette situation : vous appelez un jeune qui joue, mais il ne vous répond pas, étant totalement absorbé par son activité, immergé dans le scénario qu'il est en train de créer. Il ne vous entend tout simplement pas. Sans avoir besoin d'exercices de méditation ou de relaxation, les enfants ont cette capacité innée à vivre le moment présent. Pour cela, ils doivent évidemment se trouver dans de bonnes conditions, sentir qu'ils peuvent obtenir du soutien au besoin et ne pas avoir trop de stress sur leurs épaules.

Plusieurs facteurs liés à la cellule familiale ont un impact sur l'équilibre psychologique des enfants et des adolescents : relations conflictuelles entre parents et enfants, disputes fréquentes entre les parents, violence conjugale, abus, négligence, séparations difficiles parfois combinées à de l'aliénation parentale (situation où un des parents discrédite l'autre aux yeux de l'enfant, entraînant une détérioration de leur relation), stress parental élevé, etc. Ce n'est pas parce qu'un jeune vit ce type de situation qu'il développera nécessairement des problèmes relatifs à sa santé mentale, mais le fait d'y être exposé augmentera les probabilités.

Ces contextes contribuent au développement d'une grande variété de difficultés psychologiques (p. ex. trouble de stress post-traumatique, difficultés d'attachement, trouble alimentaire, dépression, etc.). Elles peuvent aussi empêcher le jeune de recevoir le soutien dont il a besoin pour traverser certaines épreuves ou situations stressantes. En effet, quand les enfants sentent que leurs parents sont trop préoccupés par leurs propres difficultés, certains auront tendance à moins demander d'aide. Des jeunes me confient qu'ils ne se sentent pas à l'aise de parler de leurs difficultés psychologiques avec leurs parents parce qu'ils considèrent que ces derniers en ont déjà trop sur leurs épaules. Si cette dynamique perdure, les jeunes se coupent de la possibilité d'obtenir le soutien de leurs parents en taisant ce qu'ils vivent. Ce scénario entraîne fréquemment du stress et un sentiment de solitude.

Souvent, même les choses non dites seront ressenties par les enfants, et ce, dès un très jeune âge. Ils ne sauront pas toujours exactement ce qui se passe, mais ils sentiront qu'il n'y a pas de place pour leurs besoins ou leurs problèmes. Ils pourront modifier leur comportement afin qu'il corresponde à ce qu'ils croient devoir faire, plutôt qu'à ce dont ils ont besoin. Voilà un exemple à une extrémité du continuum : les bébés qui doivent attendre longtemps avant qu'un adulte réponde à leurs pleurs et qui, avec le temps, finissent par pleurer beaucoup moins souvent.

Les relations qu'un enfant entretient avec ses parents affectent son style d'**attachement** qui, à son tour, affectera son fonctionnement social et la satisfaction qu'il éprouvera dans ses relations avec les autres. L'attachement réfère au lien émotionnel que développe un enfant avec une personne qui en prend soin[20]. Les parents peuvent aider leurs enfants à développer un style d'attachement sécurisant dès la naissance, en répondant adéquatement à leurs besoins.

Un lien d'attachement sécurisant implique que l'enfant a confiance qu'il obtiendra de l'aide, du soutien et un accompagnement au besoin. Il peut ainsi explorer le monde, essayer de nouvelles choses, tout en se sentant en confiance. Plus l'enfant grandit, plus ses relations d'attachement s'étendent à d'autres gens que ses parents. Un jeune qui a développé un lien d'attachement sécurisant avec ses parents aura tendance à être plus adapté socialement, à créer des relations plus profondes et significatives avec les autres. Un jeune qui a un lien d'attachement plus fragile avec ses parents est plus à risque de vivre certains enjeux psychologiques tels que des symptômes d'anxiété sociale[21,22] ou une dépendance à Internet[23,24]. En contrepartie, un style d'attachement plus sécurisant est associé à une plus grande résilience chez les adolescents et les jeunes adultes[25].

VRAI OU FAUX ?

Le style d'attachement, établi à un jeune âge, ne peut être modifié par la suite.

Faux. Et voilà une bonne nouvelle! Cela signifie que le style d'attachement peut s'améliorer et changer, et ce, même chez les adultes dont l'enfance a été très difficile. Parfois, la psychothérapie offre un espace où le jeune a l'occasion de développer un lien émotionnel fort et d'ainsi se montrer vulnérable et en confiance pour la première fois. Il peut ensuite transférer cette capacité d'attachement à d'autres personnes.

La théorie de la sécurité émotionnelle[26] est un modèle soutenu par plusieurs études. Un de ses principes est que les **conflits**

intenses et répétitifs entre les parents sont liés à une insécurité émotionnelle et à une diminution potentielle de la qualité de l'attachement des enfants avec leurs parents. Ces enfants ont plus de difficulté à réguler leurs émotions et présentent parfois des difficultés comportementales (p. ex. agressivité, opposition) ou émotionnelles (p. ex. anxiété). Plus tard dans leur vie, ils auront tendance à réagir plus négativement et intensément lorsqu'ils seront dans des situations conflictuelles, par exemple avec leurs amis ou leurs professeurs. Cela peut avoir un impact important sur leur adaptation à long terme, favoriser des réactions et des comportements inadéquats et contribuer au développement de problèmes de santé mentale[27,28,29].

Dans certaines situations, ces jeunes deviennent **parentifiés**, c'est-à-dire qu'ils prennent le rôle d'un parent. Ils sont très responsables, trop responsables. Leur entourage renforce ce mécanisme d'adaptation et de survie en faisant des commentaires du genre : « Wow ! Tu es tellement responsable. Bravo ! » Leurs comportements proviennent toutefois d'une impression de ne pas pouvoir compter sur un adulte. Ces jeunes n'ont que le choix de vieillir trop vite pour s'adapter à leur contexte familial. Mais se responsabiliser si tôt s'accompagne d'un coût énorme : manquer une période si belle, importante et vivifiante de leur parcours développemental. En cas de manque important de soutien et d'encadrement parental, **des traumatismes complexes peuvent se développer**, entraînant des effets à long terme sur le bien-être et le fonctionnement du jeune, ainsi que sur sa capacité à interagir sainement avec son entourage.

D'ailleurs, selon une enquête de santé publique réalisée au Québec, 28 % des jeunes qui considèrent leur vie familiale comme « heureuse » présentent des symptômes anxieux ou dépressifs[30]. Pour les jeunes qui considèrent leur vie familiale comme « peu heureuse », ce pourcentage augmente à 70 %.

Les conflits parentaux et les climats familiaux tendus sont souvent complexes et difficiles à régler, puisque plusieurs personnes sont impliquées. Toutefois, le fait de savoir qu'ils peuvent affecter les jeunes d'une manière importante peut motiver les parents à trouver l'énergie et les moyens de réduire les tensions entre eux, surtout devant leurs enfants.

Certains auront besoin d'aide professionnelle pour y arriver, que ce soit sous forme de médiation familiale ou de thérapie de couple pour travailler la communication, par exemple. Dans d'autres situations, il peut s'agir de diminuer certains stresseurs (p. ex. un parent pourrait décider de changer d'emploi s'il vit du harcèlement à son travail, de déménager pour diminuer les paiements hypothécaires ou même de se séparer de l'autre parent). Lorsque les conflits touchent toute la famille, une thérapie familiale aide généralement à mieux comprendre les besoins et la vision de chacun et à améliorer la cohésion.

Problèmes de santé chez un membre de la famille

Lorsqu'une sœur ou un frère a des enjeux de santé ou des besoins particuliers, d'autres membres de la fratrie risquent de se sentir laissés pour compte. Dans certaines situations, les parents voient leurs capacités d'adaptation dépassées, vivent un stress chronique et se mettent en mode survie. Cette réaction leur permet de survivre, oui, mais elle peut laisser des marques chez les jeunes qui ne sont pas malades, et qui ne recevront ni l'attention ni le soutien nécessaires.

Au fil de ma carrière, j'ai rencontré des familles dans lesquelles des jeunes en santé développaient un problème de santé mentale souvent après ou pendant une maladie grave touchant un frère ou une sœur. Il s'agit d'un processus inconscient, d'une façon d'exprimer leur propre détresse et leur besoin légitime d'être vus. J'ai aussi observé ce phénomène chez des parents après l'annonce d'un diagnostic de maladie chez leur enfant. Un premier parent souffre d'une dépression ou de graves difficultés d'adaptation et le second parent développe un problème de santé mentale lorsque le premier va mieux. En effet, les membres de la famille peuvent tenter, souvent inconsciemment, de maintenir un équilibre familial en attendant leur tour, comme ce fut le cas pour Béatrice.

L'HISTOIRE DE BÉATRICE
Chacun son tour

Béatrice avait 13 ans quand sa sœur est tombée malade subitement. Cette dernière souffrait de graves problèmes rénaux et ses parents devaient l'accompagner lors d'hospitalisations et de nombreux rendez-vous médicaux. Craignant pour sa vie, ils ont fait de leur mieux pour s'occuper de leurs deux autres enfants. Ils se sentaient constamment dépassés et surtout impuissants. Béatrice, en apparence, semblait bien s'adapter à la situation. Elle poursuivait ses activités habituelles en demandant aux parents de ses amies de la conduire à ses leçons de piano. Ses résultats scolaires avaient même augmenté.

L'école était devenue son échappatoire et elle se perdait dans ses livres pour oublier le reste. Elle commença graduellement à se sentir de plus en plus différente des jeunes de son âge. Son perfectionnisme et sa pudeur l'empêchaient de parler à quiconque de ce qu'elle vivait à la maison et de ce qu'elle ressentait. Et ses proches restaient occupés à prendre soin de sa sœur.

Béatrice développa des symptômes dépressifs sans que personne s'en rende compte. Elle pensait de plus en plus à s'enlever la vie. Un jour, elle tomba par hasard sur une émission qui parlait d'anorexie. Une jeune femme y expliquait qu'il s'agissait pour elle d'un moyen de se détruire à petit feu, l'alimentation étant essentielle à la vie. Béatrice commença à moins s'alimenter. C'est à ce moment qu'elle attira l'attention de certains enseignants et de son professeur de piano, en raison de sa silhouette qui fondait à vue d'œil.

Ses parents, accaparés par les problèmes de santé de sa sœur, n'avaient pas remarqué sa perte de poids. Béatrice avait la preuve qu'ils ne la voyaient plus, ce qui fut extrêmement souffrant pour elle. Presque toute leur attention était portée sur sa sœur, même si cette dernière allait mieux au moment où Béatrice frôlait la mort en raison de signes vitaux instables.

Le médecin de famille de Béatrice posa le diagnostic d'anorexie mentale ; la jeune fille s'imposait des restrictions alimentaires importantes, ce qui l'avait menée à perdre 22 livres (10 kilos) en quelques mois. Ses parents ont commencé à lui donner de l'attention lorsqu'elle fut hospitalisée pour son trouble alimentaire. Elle fut alors prise en charge par une équipe interprofessionnelle spécialisée.

Lors de son retour à la maison, l'équipe a recommandé aux parents de Béatrice de superviser les repas de leur fille, ce qui était pour eux très exigeant et éprouvant. Béatrice était auparavant une jeune très mature et autonome, qui prenait soin d'elle. Son père avait l'impression de retourner à l'époque où elle était toute jeune et qu'il devait la nourrir. Les conflits éclataient souvent à l'heure des repas et le poids de l'anorexie écrasait tous les membres de la famille, y compris son petit frère de huit ans et sa jeune sœur qui se rétablissait de ses problèmes de santé.

Avec le temps, grâce au soutien d'une équipe de professionnels spécialisés en troubles alimentaires et à des séances de psychothérapie familiale et individuelle, Béatrice retrouva le goût de vivre. Quoique de moindre intensité, le trouble alimentaire resta présent dans sa vie pendant plusieurs années. La psychothérapie familiale aida tous les membres de la famille à se remettre des traumatismes qu'ils venaient de vivre et à retrouver une certaine sérénité.

Des années plus tard, Béatrice se souvient encore que ses parents n'avaient pas remarqué la détérioration de son état, même si elle frôlait la mort. Cela lui fait encore mal, mais lui permet en même temps de ressentir beaucoup de compassion, face à elle-même et à la petite fille qu'elle fut jadis. Elle réalise aujourd'hui que ses traumatismes ne la définissent pas et ne diminuent pas sa valeur comme personne.

Santé mentale fragile d'un des parents

Les troubles de santé mentale des parents ont parfois un effet négatif sur celle de leurs enfants et affectent leur développement psychologique[31,32]. Les parents qui éprouvent de tels troubles sont notamment à risque : 1) d'avoir des pratiques parentales qui contribueront au développement d'un attachement insécurisant ; et 2) d'avoir un impact négatif sur le développement cognitif ou affectif de leurs enfants[33,34].

Ces parents peuvent entre autres présenter un manque d'énergie, de l'irritabilité, de l'agressivité, un affect plat, c'est-à-dire ne pas montrer beaucoup d'émotions, ou des attitudes négatives. La sensibilité, c'est-à-dire la capacité à être disponible aux besoins du jeune enfant et à y répondre rapidement et adéquatement, est un des éléments centraux des bonnes habiletés parentales. Les problèmes de santé mentale ont le potentiel d'altérer cette capacité. La dépression parentale a même été associée à des altérations cérébrales chez l'enfant[35].

Certains jeunes dont les parents souffrent de problèmes de santé mentale vivent de la négligence ou un manque de stabilité qui risquent d'affecter leur style d'attachement. D'autres sont traumatisés de voir leur parent dans un certain état (p. ex. en psychose ou en état d'intoxication). Certains ressentent de la honte et n'en parlent à personne, par peur d'être jugés ou même d'être retirés de leur famille. Des jeunes décident même de ne plus inviter d'amis à la maison ou de ne plus aller chez des amis. L'isolement peut alors devenir lourd.

Ainsi, l'environnement à la maison et la dégradation des relations parents-enfants affectent la santé mentale des jeunes. De plus, ceux dont les parents ont des problèmes de santé mentale ont parfois des prédispositions génétiques à cet égard[36,37]. Évidemment, il est possible que le jeune ne développe pas de trouble de santé mentale. Il est toutefois important d'ouvrir une conversation franche sur le sujet avec le jeune, si c'est le cas. Cela lui permettra de mieux comprendre le trouble en question, de poser des questions et de dissiper certaines de ses craintes.

Les parents (ou futurs parents) gagneront grandement à prendre soin de leur propre santé mentale, ce qui aidera indirectement celle de leurs enfants. Il ne s'agit pas d'être parfait – puisque personne ne l'est – ou de ne pas avoir de difficultés psychologiques. Il importe plutôt de les reconnaître, de tenter de travailler ces aspects et de faire amende honorable auprès de votre enfant, au besoin.

Problèmes de santé mentale chez les amis

Dans le cadre de mes consultations, plusieurs jeunes m'expliquent comment ils sont affectés par les problèmes de santé mentale de leurs amis. Par exemple, certains adolescents se donnent la responsabilité d'aider leurs amis à surmonter leurs difficultés psychologiques. Ainsi, ils s'obligent à «sauver» leurs amis, alors que ces derniers en sont rendus à un point où ils auraient besoin d'aide professionnelle.

Ce rôle, beaucoup trop grand pour eux, fait parfois en sorte qu'ils s'épuisent ou vivent énormément d'impuissance et de stress. Certains restent en ligne une bonne partie de la nuit avec leur ami, qu'ils tentent d'aider tant bien que mal. Conséquemment, ils se privent d'une ressource essentielle pour conserver leur propre équilibre psychologique : le sommeil.

Quand un jeune qui a perdu son équilibre psychologique obtient le soutien professionnel nécessaire pour aller mieux, il y a souvent un effet boule de neige, en ce sens que cela peut soulager plusieurs autres personnes de son entourage, comme ses amis et, bien sûr, ses parents.

Surprotection parentale

La surprotection parentale, même si elle part d'une bonne intention, peut contribuer à l'augmentation des difficultés émotionnelles observées chez les jeunes[38]. Les parents qui ont tendance à surprotéger leur enfant essaient de lui épargner le plus de déceptions, de frustrations et de stress possible. Il est tout à fait humain et naturel de vouloir éviter des inconforts à notre être cher.

Toutefois, un jour ou l'autre, nous devons faire face à l'évidence : la vie est remplie d'épreuves. Créer un monde parallèle, sans échecs ni déceptions, n'aidera pas l'enfant qui, tôt ou tard, sera exposé à cette réalité, et ce, sans y avoir été préparé. Dans un climat de surprotection parentale, il se peut également que l'enfant n'ait pas appris à gérer sa colère, n'ayant pas vécu beaucoup de refus et de frustrations.

Un enfant surprotégé peut aussi vivre plus d'anxiété[39,40]. En effet, les parents qui ont tendance à surprotéger leur enfant l'encouragent à éviter les situations qui sont stressantes pour lui, au lieu de l'accompagner pour les traverser et l'aider à s'exposer graduellement à quelque chose qui lui fait peur. Ainsi, l'enfant apprendra qu'il est mieux d'éviter les situations qui le stressent au lieu de les affronter graduellement et de réussir à vaincre ses peurs. Il sera plus enclin à percevoir le monde comme dangereux et aura peu d'occasions de développer sa capacité d'adaptation à de nouvelles situations.

J'en conviens, il s'agit d'un équilibre fragile entre : 1) être empathique, soutenant et accompagner l'enfant dans ses épreuves ainsi que ses échecs sans tenter de lui cacher que la vie est remplie d'embûches ; et 2) surprotéger. Le juste milieu n'est pas toujours facile à trouver, mais il existe. Je présenterai des moyens d'y arriver au chapitre 7.

Comportements à risque

Des adolescents utiliseront des comportements à risque pour gérer leurs difficultés affectives ou moins les ressentir. Ces moyens, qui comprennent notamment la consommation abusive d'alcool ou d'autres substances illicites, leur seront éventuellement nuisibles en affectant leur santé mentale et physique[41]. Certains trouveront des gens sur qui déverser leur colère et leur agressivité. Ces modes de fonctionnement peuvent se cristalliser, au point où des personnes finiront par penser qu'elles n'ont plus besoin d'aide, alors que les autres souffrent autour d'elles.

Le pourcentage de jeunes de 15-16 ans qui ont consommé du cannabis dans la dernière année était de 12,1 % en Amérique, de 11,7 % en Europe et de 17,8 % en Océanie[42]. Les risques de développer une dépendance à un moment dans leur vie seraient d'environ 9 %, y compris chez ceux qui n'en ont pris qu'une seule fois[43]. Environ 13,6 % des adolescents de 15 à 19 ans partout dans le monde rapportaient des épisodes de grande consommation d'alcool[44].

Souvent, les jeunes mettront du temps à se confier, que ce soit à leurs parents ou à un professionnel, au sujet de problèmes relatifs à la violence ou à la consommation de substances. Cette réticence est parfois due à la peur d'être jugés ou rapportés aux autorités. Le professionnel effectuant l'évaluation devra avoir de bonnes habiletés cliniques pour établir un climat de confiance qui favorisera cette confidence. Il s'agit d'une information de première importance, puisque les comportements à risque peuvent contribuer aux enjeux de santé mentale et aux difficultés que vit le jeune.

Réseaux sociaux

De plus en plus d'études démontrent les impacts négatifs des réseaux sociaux sur la santé mentale des jeunes[45,46]. Un de leurs mécanismes d'action serait d'encourager des comparaisons défavorables avec les autres[47]. Les réseaux sociaux auraient notamment un effet négatif sur l'anxiété et l'estime de soi et augmenteraient la crainte d'être exclu d'activités. Ils ouvriraient aussi la porte à de l'intimidation potentielle, sans interruption.

De plus, ils semblent contribuer à la diminution des contacts en personne, eux-mêmes liés au bien-être psychologique. Puisqu'il s'agit d'une réalité plutôt récente, des recherches supplémentaires seront nécessaires afin de bien saisir l'ampleur des conséquences chez les jeunes. Des initiatives sont déjà en place dans certains milieux scolaires, qui limitent l'exposition aux écrans et interdisent l'accès aux téléphones cellulaires. Je reviendrai sur cet aspect au chapitre 8.

Effets persistants de la pandémie

Il est bien reconnu que cette épreuve collective qu'a été la pandémie de COVID-19 a exacerbé une tendance déjà lourde vers une augmentation des problèmes de santé mentale chez les jeunes[48,49]. La pandémie est venue ajouter un stress majeur dans leur vie. Elle a perturbé leur éducation, leur façon d'interagir avec leurs pairs et restreint leurs activités sportives et de loisirs.

Elle a également modifié la trajectoire développementale normale de certains jeunes[50]. Les jeunes les plus vulnérables, notamment ceux qui présentaient déjà des difficultés psychologiques ou des maladies chroniques, ceux qui passaient beaucoup de temps sur les réseaux sociaux ou dont le niveau socioéconomique familial était le plus faible, ont été davantage affectés[51]. Les adolescents qui ont tendance à être perfectionnistes auraient aussi été plus touchés émotionnellement par cette épreuve[52].

En France, au début de la pandémie (de mars 2020 à juillet 2021), près d'un enfant sur six aurait eu besoin de soutien pour des difficultés psychologiques[53]. De plus, le pourcentage de garçons et de filles de 3 à 17 ans ayant consulté un professionnel pour un enjeu de santé mentale a presque doublé pendant cette période. Encore aujourd'hui, de nombreux jeunes que je rencontre me parlent des effets négatifs et persistants que la pandémie a eus sur eux, et ce, sans même que je leur pose de questions à ce sujet.

• • •

Bien entendu, plusieurs autres enjeux contribuent à fragiliser l'équilibre psychologique d'un jeune. On n'a qu'à penser à une maladie chronique, à un trouble du spectre de l'autisme, à certains traits de personnalité comme le perfectionnisme, à des troubles d'apprentissage non diagnostiqués, aux répercussions de circonstances de vie difficiles (p. ex. pauvreté, séparation prolongée d'un ou des parents, isolement social) ou à une mauvaise hygiène de vie (p. ex. alimentation inadéquate, sédentarité), etc. Pour y voir plus clair, il est parfois nécessaire d'obtenir de l'aide professionnelle.

Chapitre 6

AIDE PROFESSIONNELLE EN RENFORT

Dans ce chapitre, nous allons aborder les options d'aide professionnelle reconnues par la science afin d'aider un jeune qui souffre de difficultés psychologiques. Cette section permettra aux parents de mieux comprendre les différences et les complémentarités des soins possibles. En fonction de la situation de chaque jeune, les types de soutien peuvent être combinés et même reçus simultanément.

En complément de l'aide professionnelle, le soutien des adultes significatifs dans la vie des jeunes demeure crucial. Il peut s'agir de leurs parents, bien sûr, mais aussi d'un oncle, d'une tante, d'un grand-parent, d'un enseignant, etc. Ceux-ci les aideront à prendre des risques calculés, à peser le pour et le contre de leurs décisions, à se sentir soutenus, à bâtir des projets pour le futur et à développer leurs valeurs. Ils offriront également aux adolescents un cadre (p. ex. établir des heures de rentrée, déterminer les sorties permises, etc.). Les façons dont ils peuvent soutenir le jeune seront détaillées au chapitre 7.

Psychothérapie

Parfois, le soutien et la guidance des parents ou des adultes significatifs ne seront pas suffisants et le jeune aura besoin d'une aide professionnelle. Cela est souvent le cas lorsqu'un problème de santé mentale affecte de façon importante son fonctionnement ou son bien-être. Par exemple, la plupart des lignes directrices partout dans le monde recommandent la psychothérapie pour traiter la dépression[1,2,3]. Plusieurs études démontrent que les bienfaits de la psychothérapie perdurent dans les cas de dépression, ce qui n'est pas nécessairement le cas pour les antidépresseurs[4,5].

Pour traiter l'anxiété, la psychothérapie est également le traitement recommandé en première instance, et celui qui protège le plus contre les rechutes[6]. Les parents peuvent contribuer largement à soutenir le jeune en l'aidant à limiter ses comportements d'évitement ou en évitant de le rassurer à outrance. Cela dit, dans certaines situations, cela ne sera pas suffisant et un travail sur les causes sous-jacentes des symptômes devra être réalisé. De plus, les recommandations devront être ajustées en fonction de la sévérité de l'anxiété et de son évolution. Bien souvent, les troubles anxieux persisteront en l'absence de traitement[7,8,9].

Pour traiter efficacement les troubles alimentaires, une approche globale et multidisciplinaire qui prend en compte les aspects psychologiques, comportementaux, nutritionnels et médicaux[10] est nécessaire. Les troubles alimentaires comme l'anorexie sont des difficultés psychologiques très complexes et multifactorielles. Des dérégulations cognitives, émotionnelles, neurobiologiques et neuroendocriniennes font souvent partie du tableau clinique et peuvent influencer les choix alimentaires[11]. L'anorexie représente le trouble de santé mentale ayant le taux de mortalité le plus élevé[12,13]. Plus elle est prise en charge rapidement, plus les chances de rétablissement sont élevées.

La psychothérapie est également recommandée pour d'autres problèmes psychologiques chez les enfants et les adolescents, par exemple l'insomnie[14], le trouble obsessionnel-compulsif[15] et le trouble de stress post-traumatique[16]. Par ailleurs, il est souhaitable d'avoir recours à la psychothérapie même chez des jeunes qui n'ont pas de diagnostic de problème de santé mentale. Cela contribuera à diminuer les risques que leurs difficultés se complexifient.

VRAI OU FAUX ?

Un enfant de moins de six ans tirera peu profit d'un suivi en psychologie, en raison de son jeune âge.

Faux. De très jeunes enfants peuvent être grandement aidés par ce type d'intervention. Il existe des ressources spécialisées qui travaillent avec les enfants, et la psychothérapie peut se faire par le jeu. Il s'agit d'une intervention recommandée lorsqu'un enfant fonctionne difficilement dans son milieu (p. ex. crises de colère au point que la garderie ou la crèche doute de sa capacité à le garder, problème de repli sur soi avec mutisme sélectif), est souffrant (p. ex. tristesse ou peurs importantes) ou si les parents sont inquiets pour diverses raisons (p. ex. difficultés à se séparer des parents, changement soudain de comportement).

Les parents sont souvent impliqués dans le processus et présents pendant les rencontres. Le psychologue pourra déterminer les meilleures modalités d'intervention en tenant compte de la problématique et des besoins de la famille. Parfois, seuls les parents sont invités aux rencontres : ils reçoivent ainsi du soutien afin d'aider ensuite leur enfant. C'est souvent le cas avec les petits de moins de trois ans.

Personnellement, j'ai eu l'occasion d'accompagner plusieurs très jeunes enfants, à partir de leurs trois ans. J'ai souvent été émerveillée par leur capacité à identifier ce qui ne va pas – par le jeu, par un langage simple ou par les dessins – et par leur flexibilité à mettre en place des solutions pour aller mieux. Par exemple, un enfant de trois ans que j'ai suivi faisait des cauchemars à répétition – des vautours venaient cogner à sa porte et la défonçaient – à la suite d'un accident qui lui avait causé de nombreuses fractures et des cicatrices au visage. Lorsque je lui ai demandé s'il voulait dessiner quelque chose qui pourrait l'aider à chasser les images effrayantes qui le hantaient la nuit, il a imaginé un pylône électrique, non loin de sa maison, afin d'attirer les vautours.

Cette solution, combinée à des rencontres hebdomadaires en compagnie de ses parents pour travailler sur d'autres symptômes de nature post-traumatique et des symptômes dépressifs, a fait en sorte que ses peurs nocturnes se sont grandement espacées par la suite. Avec le soutien approprié, cet enfant avait trouvé une solution bien à lui pour être en mesure de mieux dormir. Son humeur s'est également améliorée au fil de notre suivi. Sa mère a pu mieux l'aider en comprenant davantage la provenance de certains symptômes (par exemple, pourquoi il parlait très souvent et de façon répétitive de son accident) et elle a modifié ses façons de réagir à ses propos.

Vu le lien de confiance que nous avons développé avec le temps, elle s'est ouverte, lors de rencontres sans son fils, sur son vécu émotionnel en lien avec l'accident et sur la culpabilité qui l'empêchait d'être complètement disponible comme parent. Par ailleurs, comme elle avait plusieurs enfants, il lui était difficile de savoir comment les aider eux aussi. Ces suivis lui ont permis de se libérer de sa culpabilité et d'être mieux disposée à soutenir tous ses enfants.

Services de gestion de crise et d'accompagnement

Le jeune ou ses parents peuvent également obtenir de l'aide d'un intervenant pour de la gestion de crise, de l'accompagnement, du soutien émotionnel ou de la psychoéducation/éducation psychologique. Par exemple, les lignes d'écoute ouvertes 24 heures sur 24, 7 jours sur 7, sont d'une grande aide lorsque le jeune est en détresse. Plusieurs lignes d'appel et services de crise sont également disponibles pour soutenir les parents.

Ces ressources jouent un rôle crucial en situation d'urgence. Elles peuvent prévenir des gestes irréversibles, notamment lorsqu'un jeune présente des idéations suicidaires. En revanche, elles ne remplacent pas le travail psychothérapeutique en profondeur, qui vise à favoriser des changements durables dans les pensées, les comportements et la gestion des émotions.

Par exemple, un jeune aux prises avec des idées suicidaires sérieuses peut recourir à répétition aux services de crise ou à l'accompagnement. Cela peut l'aider à traverser l'instant présent. Cependant, sans un travail sur les causes sous-jacentes, il pourrait rester coincé dans un cycle de détresse récurrente et ne pas développer ses capacités d'adaptation ou de gestion des émotions.

Par ailleurs, il peut être avantageux pour un jeune de faire partie d'un groupe de psychoéducation ou d'éducation psychologique (par exemple, pour mieux comprendre l'anxiété et découvrir des stratégies pour se calmer). Cependant, pour la plupart des jeunes qui souffrent d'anxiété importante, cela ne sera pas suffisant et ils auront besoin d'un travail plus adapté à leur parcours spécifique et effectué plus en profondeur.

La gestion de crise, l'accompagnement, le soutien émotionnel et la psychoéducation sont des services psychosociaux importants. Mais ils sont complémentaires à l'évaluation psychologique et à la psychothérapie. Malheureusement, ils sont trop souvent confondus. En les interchangeant, nous risquons de priver nos jeunes d'une belle occasion de découvrir un chemin durable vers un mieux-être psychologique.

Médication

Comme je l'ai déjà expliqué, les antidépresseurs sont parfois nécessaires, surtout si le jeune est trop souffrant pour s'engager dans un travail psychologique lui permettant d'agir sur les racines de son mal, ou s'il n'est pas prêt à le faire. De plus, pour les dépressions plus sévères, les antidépresseurs peuvent agir en combinaison avec la psychothérapie. Ils devraient d'ailleurs l'être le plus souvent possible.

Comme nous l'avons vu au chapitre 3, la médication ne règle pas l'ensemble des enjeux et la psychothérapie offre généralement une meilleure protection contre les rechutes.

Nous en avons discuté aux chapitres 2 et 3, il faudra être prudent en choisissant la voie de la médication : elle est rarement suffisante et peut impliquer des effets secondaires sérieux et des difficultés de sevrage. D'ailleurs, l'Organisation mondiale de la Santé suggère de favoriser les approches non pharmacologiques et d'éviter la surmédicalisation chez les adolescents[17].

Comment identifier les meilleures interventions ?

Tout commence par une évaluation rigoureuse. Parfois, des problématiques semblent similaires en surface, mais lorsque l'on creuse, on se rend compte à quel point elles sont distinctes.

Prenons l'exemple de deux jeunes qui refusent de fréquenter l'école. Pour le premier, ce comportement peut être attribuable à de l'anxiété. Il aura donc besoin de psychothérapie pour la traiter. Pour le second, c'est peut-être à cause de l'intimidation sévère dont il est victime qu'il ne veut plus aller à l'école. Il s'agit alors d'une réaction de protection normale. Dans ce cas, la solution repose d'abord sur des actions visant l'arrêt de l'intimidation. Le jeune a sûrement d'autres besoins sur le plan psychologique, mais en premier lieu, son exposition récurrente à la violence verbale et/ou physique devra cesser. En refusant d'aller à l'école, il protège son intégrité physique et psychologique, ce qui est primordial. Je ne dis pas ici que cette avenue doit perdurer, bien au contraire, mais comprendre la fonction des comportements aidera à trouver les bonnes solutions.

Les deux prochaines histoires illustrent ce propos avec plus de détails.

L'HISTOIRE DE MATHIEU
Effets persistants des commotions cérébrales

Quand j'ai commencé un suivi auprès de Mathieu, 17 ans, il venait de subir une quatrième commotion cérébrale et avait développé des symptômes dépressifs importants. Plusieurs facteurs ont contribué au développement de cet état affectif, caractérisé par un manque de motivation pour les activités qu'il aimait habituellement, comme voir ses amis, jouer de la guitare et promener son chien.

Mathieu présentait des difficultés d'endormissement importantes, une humeur maussade et un repli sur lui-même. Il avait aussi cessé de travailler. De plus, puisqu'il souffrait de maux de tête, d'étourdissements, de difficultés de concentration et d'une lenteur à réfléchir et à effectuer des tâches depuis sa dernière commotion cérébrale, il s'était fait recommander par des professionnels de la santé d'arrêter de jouer au hockey pendant un certain temps. Cela était justifié d'un point de vue médical, mais extrêmement difficile pour lui sur le plan émotif. En raison de ses difficultés à se concentrer, il peinait à suivre en classe et ses résultats scolaires avaient chuté.

J'ai décidé d'effectuer d'abord une évaluation neuropsychologique afin de mieux comprendre son profil de forces et de faiblesses. Les résultats ont révélé des difficultés à maintenir son attention dans le temps ainsi qu'un ralentissement de sa vitesse à traiter l'information visuelle. Puisque Mathieu n'avait jamais été évalué, il était difficile de se prononcer quant à l'origine exacte de ses problèmes. De plus, les symptômes dépressifs ont souvent un impact sur la concentration et la vitesse de traitement de l'information ; il était donc ardu de savoir si elles étaient dues aux commotions cérébrales ou à la dépression. Mais l'important était de mieux comprendre ce qui se passait et de déterminer comment l'aider.

À la fin du rapport d'évaluation, j'ai formulé plusieurs recommandations qui visaient à ce que Mathieu soit moins affecté par ses difficultés d'attention et son ralentissement à traiter de l'information (par exemple, avoir du temps supplémentaire pour ses examens, avoir la permission de se lever pour prendre des pauses et bouger). Un suivi psychothérapeutique pour traiter ses symptômes dépressifs a également débuté. La physiothérapeute et le médecin qui le suivaient lui ont par la suite permis de recommencer à jouer au hockey.

Même si son humeur s'est graduellement améliorée et qu'il sentait avoir retrouvé son rythme habituel de réflexion et d'exécution des tâches, ses difficultés d'attention ont perduré. Cela peut en effet se produire chez une personne qui a subi plusieurs commotions cérébrales.

Plus tard, j'ai réévalué ses capacités d'attention et sa vitesse de traitement de l'information. Les difficultés d'attention étaient toujours présentes, plus d'un an après sa dernière commotion cérébrale, ce qui semblait indiquer qu'elles n'étaient pas dues à la dépression, puisqu'il en était rétabli. Comme il remarquait de plus en plus l'impact de ses difficultés d'attention sur sa performance scolaire en raison des exigences plus élevées, son médecin lui a prescrit une médication psychostimulante pour l'aider à mieux se concentrer.

L'HISTOIRE DE CHRISTOPHE
Difficultés ponctuelles dues à une épreuve

Christophe vivait avec un diagnostic de maladie chronique depuis l'âge de huit ans. Maintenant âgé de 16 ans, il venait d'apprendre qu'il souffrait également de diabète. En parallèle, une rupture amoureuse récente avait fait resurgir la vieille croyance bien ancrée de ne pas valoir grand-chose. Il n'était pas aussi assidu dans ses traitements médicaux qu'il aurait dû, et il avait partagé avec moi son raisonnement: «Si je ne suis pas mes traitements, je serai probablement hospitalisé et mon ex-copine viendra peut-être me rendre visite à l'hôpital.»

En raison de la sévérité de ses symptômes dépressifs, un médecin avait évoqué la possibilité de lui prescrire des antidépresseurs. Toutefois, avec le consentement de mon patient, j'ai expliqué à ce médecin qu'il semblait plutôt s'agir d'un trouble de l'adaptation en lien avec une rupture amoureuse; selon moi, la psychothérapie semblait mieux indiquée en premier lieu. Comme dans l'histoire de Mathieu, Christophe rapportait des difficultés d'attention importantes au début du suivi en psychologie. Dans son cas, celles-ci étaient causées par la dépression et se sont résorbées lorsque celle-ci fut traitée. Il n'avait pas besoin de psychostimulants.

En effet, après quatre mois de suivi en psychologie, Christophe allait mieux et il avait recommencé ses traitements médicaux. Il vivait encore des moments de tristesse en lien avec sa rupture, mais il était généralement de bonne humeur, dormait mieux, allait à l'école et n'avait plus d'idéations suicidaires.

Les histoires de Mathieu et de Christophe illustrent à quel point les présentations cliniques semblent similaires en surface, mais ne le sont pas du tout lorsque l'on creuse un peu. Chaque situation exige des actions distinctes: évaluation neuropsychologique, psychothérapie, thérapie familiale, suivi médical ou implication de divers professionnels psychosociaux, suivi par une équipe interprofessionnelle, médication, mesures d'accommodement scolaire, ou une combinaison de ces solutions. Parfois, il peut s'agir de poser des actions en lien avec les déterminants sociaux, comme le fait de s'assurer que le jeune a la possibilité de manger en quantité suffisante ou qu'il se sent en sécurité chez lui pour dormir la nuit.

Pourquoi est-ce important d'intervenir rapidement ?

En plus d'interventions adaptées aux jeunes, le facteur temps joue un rôle primordial.

Intervenir rapidement augmente les chances d'avoir un impact positif sur la trajectoire de vie des jeunes qui souffrent d'enjeux psychologiques comme l'anxiété ou la dépression[18]. Selon l'Organisation mondiale de la Santé, les conséquences d'un manque de prise en charge chez les adolescents se poursuivent à l'âge adulte, ce qui crée alors un impact négatif sur leur santé mentale et physique et limite leurs perspectives de vivre une vie satisfaisante[19].

Même lorsque les symptômes sont légers, il est important que l'aide soit disponible rapidement puisque la situation risque de se détériorer. Par exemple, des symptômes de dépression sous-cliniques (c'est-à-dire qui ne répondent pas aux critères d'un épisode dépressif – p. ex. un manque de motivation – et qui n'affectent pas le fonctionnement du jeune) sont souvent observés avant que se développe une dépression en bonne et due forme. Il peut aussi s'agir d'un jeune qui éprouve des problèmes de sommeil et dont la tristesse n'est pas persistante, mais plutôt intermittente. Intervenir vite améliore le pronostic et raccourcit souvent la durée de l'aide professionnelle.

Parfois, les délais d'attente conduisent la personne à se juger et à s'isoler parce qu'elle n'arrive pas à expliquer ce qu'elle vit. L'accès rapide à une évaluation (psychologique, neuropsychologique ou psychiatrique) lui permettra de mieux comprendre son vécu. Cela a souvent pour effet de diminuer l'incompréhension, la honte et l'isolement et de favoriser l'autocompassion.

Voici une histoire qui illustre les conséquences d'une évaluation des difficultés d'apprentissage qui a trop tardé.

L'HISTOIRE DE THOMAS
Évaluation tardive des difficultés d'apprentissage

Thomas avait 14 ans lorsqu'il a commencé un suivi en psychologie en raison de maux de tête chroniques. Il avait essayé une panoplie de médicaments pour les soulager, mais sans succès. Lors de notre première rencontre, ses parents m'ont parlé de certains retards qu'avait connus leur fils, plus jeune, dans le développement du langage ainsi que dans ses habiletés de lecture à son entrée à l'école. Thomas nous a expliqué qu'il lisait plus lentement que les autres élèves et qu'il devait travailler plus fort que ses amis pour obtenir des notes inférieures à la moyenne.

Ses parents avaient demandé qu'il soit évalué à l'école lorsqu'il avait huit ans, mais on leur avait dit que ce type d'évaluation était réservé aux jeunes en situation d'échec. À ce moment, les parents de Thomas n'avaient pas les moyens de débourser une somme importante pour une évaluation neuropsychologique au privé. Ils recevaient de plus en plus de messages de l'école à propos des comportements problématiques de leur fils: «Thomas dérange en classe», «Il est impoli», «Il ne met pas les efforts requis».

Thomas nous a expliqué qu'il avait commencé à se sentir «stupide» et différent dès sa deuxième année de scolarisation. Peu à peu, il s'est éloigné des autres pour qu'ils ne remarquent pas son soi-disant manque d'intelligence. Malheureusement, par le fait même, il s'est coupé de situations qui auraient pu lui faire vivre des succès et l'aider à améliorer son estime de soi. Ses difficultés de lecture affectaient de plus en plus de nombreuses sphères de sa vie ainsi que ses résultats dans d'autres matières que le français.

À cela s'est ajoutée, lorsque Thomas avait 10 ans, la séparation de ses parents. Même si ces derniers n'ont rien fait pour qu'il se sente coupable, il s'estimait responsable des disputes parentales, qui tournaient souvent autour de lui et de ses difficultés scolaires. Il devait parfois passer des messages d'un parent à l'autre, puisqu'ils évitaient de se parler.

Vers l'âge de 13 ans, une certaine fatigue psychologique s'est accumulée : il était las de faire plus d'efforts que les autres sans obtenir les résultats souhaités. Il en avait assez de cacher qui il était vraiment. Une grande tristesse s'est emparée de lui et il a cessé de s'efforcer sur le plan scolaire. Son médecin a recommandé la prise d'un antidépresseur, mais Thomas a refusé.

Il a également recommandé de procéder à une évaluation neuropsychologique pour mieux comprendre le profil intellectuel et les habiletés scolaires du garçon. Sans surprise, l'évaluation a révélé un trouble d'apprentissage de la lecture, combiné à un haut potentiel intellectuel. Donc, malgré ce que Thomas pensait, il était bel et bien intelligent, même beaucoup plus que la moyenne. Mais les difficultés qu'il éprouvait en lecture, de même que ses résultats scolaires, le poussaient à croire le contraire.

Les résultats de l'évaluation neuropsychologique l'ont grandement soulagé. Puis, la mise en place de mesures d'accommodement scolaire et de services en orthopédagogie l'a considérablement aidé. Cependant, cela n'a pas été suffisant pour le sortir de son état dépressif avancé. Il a dû travailler sur lui-même en psychothérapie. Avec l'aide d'une travailleuse sociale, ses parents ont également contribué à améliorer son bien-être psychologique en apprenant à communiquer davantage et à ne plus l'utiliser pour se transmettre des messages.

Pour les parents et les professionnels de la santé, il est parfois douloureux de constater que le cours de la vie de certains jeunes aurait pu être bien différent si ces derniers avaient reçu les services appropriés au bon moment, c'est-à-dire peu de temps après le début des difficultés.

Les impacts des délais d'attente peuvent également se faire sentir dans l'ouverture ou la motivation de la personne à obtenir de l'aide. En effet, au moment de demander de l'aide psychologique, le jeune est souvent en crise ou mal en point. Cet état d'inconfort et de souffrance peut lui donner le courage d'accepter ce type d'aide, puisqu'il en voit la nécessité.

Pour la plupart des gens, demander de l'aide psychologique est difficile. Ils ont peur de se faire juger ou se jugent eux-mêmes. Certains ne savent pas comment parler de ce qu'ils vivent ou ne sont pas à l'aise de le faire avec un inconnu. Ainsi, demander de l'aide psychologique exige une bonne dose de courage, beaucoup plus que consulter pour une toux persistante, par exemple.

Conséquemment, plusieurs ingrédients doivent être présents pour que la personne fasse une demande d'aide psychologique et veuille en obtenir. Si cette aide ne vient pas rapidement, il est possible que la motivation à en recevoir ait disparu lorsqu'elle arrivera. Le jeune peut alors penser qu'il n'en a plus besoin ou se dire que cela n'en vaut pas la peine. Effectivement, les difficultés psychologiques effritent l'estime de soi peu à peu. Penser que l'on « mérite » de l'aide exige une certaine dose d'estime de soi.

Demander de l'aide, c'est un peu comme ouvrir une porte et voir ce qui se passe. Si le soutien n'arrive pas rapidement, la personne risque de la refermer. Par la suite, il est difficile de savoir combien de temps cela prendra pour que le jeune accepte de nouveau cet accompagnement. Peut-être des années, puisque la blessure causée par le fait que l'appel à l'aide n'a pas été entendu peut prendre du temps à guérir. Même si, rationnellement, certains jeunes comprennent les raisons expliquant les difficultés d'accès à une aide psychologique, émotionnellement, cela peut être un coup dur.

Dans ces situations, vous pouvez expliquer au jeune que le manque d'aide appropriée n'a aucun lien avec lui ou avec l'importance des difficultés qu'il vit. Ou encore, vous pouvez lui dire qu'il mérite l'aide qu'il demande et lui expliquer les raisons qui expliquent pourquoi il n'en obtient pas, ou seulement une partie. Et bien sûr, accompagnez-le pour continuer à chercher de l'aide, même si cela peut s'apparenter à un parcours du combattant.

Il n'en demeure pas moins qu'il est beaucoup plus facile de traiter les problèmes de santé mentale des enfants et des adolescents en intervenant rapidement. Lorsqu'on laisse le temps passer, on risque un effet boule de neige : les problèmes auront tendance à s'accumuler, l'un en attirant un autre, et le tableau deviendra alors bien plus complexe. Par conséquent, le traitement sera plus long. Prenons pour exemple les histoires de Juliette et de Louis.

L'HISTOIRE DE JULIETTE
Effet boule de neige

Juliette a développé des symptômes d'anxiété importants lorsqu'elle avait 15 ans. Elle devenait particulièrement anxieuse lorsqu'étaient prévus un exposé oral ou des examens. Ses parents ont demandé à ce que la psychologue scolaire s'implique auprès d'elle. Toutefois, la liste d'attente était très longue.

Pendant cette attente, que les parents vécurent comme interminable, Juliette commença à consommer du cannabis pour se détendre. Sa consommation augmenta graduellement, à la même vitesse que sa motivation scolaire diminua. Elle en arriva à s'absenter de plus en plus souvent de l'école et à accumuler du retard. Ses notes diminuaient, ce qui amenait des conflits avec ses parents.

Le climat familial devint sombre et lourd. Juliette en vint à ne plus vraiment se sentir aimée de ses parents, ce qui affecta sa confiance en elle et sa croyance qu'elle pourrait aller mieux. Lorsque la jeune fille obtint son premier rendez-vous avec moi, il y avait beaucoup plus d'aspects à travailler que les symptômes d'anxiété initiaux. En effet, à ceux-ci s'étaient agglomérés un problème de consommation, de l'évitement scolaire, une perte d'espoir, des maux de tête chroniques, une baisse des résultats scolaires et de l'estime de soi, ainsi que des conflits familiaux.

L'HISTOIRE DE LOUIS
Conséquences des délais pour obtenir de l'aide

Louis avait 16 ans quand il fut orienté vers des services en psychologie. Il avait été impliqué dans un accident de voiture et, depuis, il présentait plus d'anxiété et d'irritabilité. Il avait un historique de méfaits, notamment des vols et des agressions. Pour ces raisons, il avait été placé récemment en foyer d'accueil, mais sa mère était présente aux rendez-vous en psychologie. Une maman très impliquée et aimante qui avait toujours fait de son mieux.

En retraçant son histoire, il est devenu clair que si Louis et sa famille avaient reçu des services beaucoup plus tôt, comme ils l'avaient d'ailleurs demandé quelques années auparavant, la tournure des événements aurait été bien différente.

Louis en était lui-même venu à cette conclusion en expliquant que dès la première fois où les services de protection de l'enfance étaient intervenus, lorsqu'il avait 13 ans, il avait demandé à consulter parce qu'il se sentait triste et démotivé la plupart du temps et qu'il avait de la difficulté à contrôler sa colère. Cette colère venait de loin. En fait, Louis ne s'était jamais senti aimé par son père, qui n'était plus présent dans sa vie depuis qu'il avait cinq ans.

Louis avait également vécu beaucoup d'échecs scolaires, sans aide soutenue. Il avait fini par croire qu'il était « l'enfant à problèmes » avec lequel les adultes n'interagissaient pas beaucoup, sauf pour le gronder. Il s'était ensuite senti valorisé par un groupe de jeunes qui l'avait graduellement entraîné à commettre des actes illégaux. Au départ, il s'était senti mieux, accepté, important et faisant partie d'un groupe, mais rapidement il avait eu l'impression d'être pris dans un fort courant qui l'emportait dans le mauvais sens.

L'amour de sa mère était palpable pendant l'évaluation. Elle semblait l'accepter comme il était et ne pas l'avoir catégorisé comme « un enfant à problèmes, un délinquant », sans toutefois l'idéaliser. Elle était en mesure de parler devant lui de certains actes répréhensibles et des mauvais choix que son fils avait faits. Cela aida par la suite Louis à se responsabiliser et à en faire de meilleurs.

Louis s'engagea en psychothérapie pendant plusieurs mois. Nous avons eu la chance de développer une relation de confiance et j'ai pu être témoin de son cheminement vers un univers où ses craintes d'abandon étaient moins fortes, où il reconnaissait davantage certaines de ses qualités et où ses blessures d'attachement liées à l'abandon par son père étaient moins douloureuses.

Le jeune garçon a graduellement cessé de commettre des actes illégaux. Il a également eu la chance de recevoir le soutien d'un conseiller en orientation, qui l'a notamment aidé à naviguer dans le système d'éducation pour adultes et à se trouver un emploi.

Il n'est pas possible de reculer dans le temps et de voir comment la vie de Louis aurait été différente s'il avait eu accès à une évaluation psychologique et à du soutien professionnel plus tôt. Toutefois, son ouverture à travailler sur lui-même, sa motivation et la vitesse avec laquelle il a amorcé des changements au fil des séances permettent d'émettre l'hypothèse qu'il aurait pu tirer grandement profit de cette aide à 13 ans, lorsqu'il l'avait demandée.

Que faire si mon enfant ne veut pas consulter ?

Certains jeunes sont réticents à consulter un psychologue ou un autre professionnel de la santé mentale, et ce, même si leur bien-être psychologique vacille et que leur médecin ou leur entourage le leur suggère fortement. Parfois, ils accepteront un premier rendez-vous, mais seront ambivalents ou refuseront de s'engager dans une psychothérapie.

Même si les tabous en lien avec la santé mentale tendent à s'atténuer dans la société, plusieurs jeunes pensent que consulter un psychologue sous-entend qu'ils sont « fous » ou qu'ils souffrent d'un problème de santé mentale grave. Je le sais, puisque certains me le disent. Ces derniers ne comprennent pas pourquoi ils devraient consulter, tandis que d'autres ne veulent pas parler de choses personnelles avec un « étranger ». D'autres encore croient fermement qu'ils peuvent s'en sortir seuls et trouver des moyens d'aller mieux par eux-mêmes. Enfin, quelques jeunes doutent de l'efficacité de la psychothérapie.

Cela dit, ils n'arrivent pas tous à mettre des mots sur les motifs de leur refus de consulter. En raison de la baisse d'estime de soi attribuable aux difficultés psychologiques qu'ils vivent, certains croient qu'ils ne méritent pas d'aide, qu'ils n'en valent pas la peine ou qu'ils sont une « cause perdue ». Ils peuvent être habités par la honte et se refermer sur eux-mêmes, par exemple en passant la majorité de leur temps dans leur chambre sur leur cellulaire ou en faisant moins d'activités qu'à l'habitude. Ils refusent parfois de parler de ce qu'ils vivent à quiconque, même à leurs parents et à leurs amis. La honte peut paralyser et isoler une personne. L'évaluation psychologique et la psychothérapie exigent un certain courage et du travail.

Il est difficile pour un parent de constater que son enfant ne souhaite pas d'aide psychologique. Mais comme le jeune doit travailler en psychothérapie, il est essentiel qu'une partie de lui, même si elle est toute petite, veuille s'engager dans un tel processus. Il ne s'agit pas d'une chirurgie au cours de laquelle le jeune sera sous anesthésie. Il devra fournir des efforts ; ainsi, une démarche entreprise contre son gré risque de n'entraîner aucune amélioration de son état.

Il est important de ne pas trop insister pour que le jeune consulte, sinon il pourrait fermer la porte à cette option pendant longtemps, trop longtemps. Pour certains, l'idée d'obtenir de l'aide psychologique sera associée à de la pression, à des disputes et à de mauvais souvenirs, ce qui retardera leurs démarches pour en obtenir plus tard dans leur vie. Des adolescents, en âge de consulter sans le consentement de leurs parents, m'ont déjà confié avoir obtenu de l'aide d'un psychologue à l'école ou dans le réseau de la santé sans en informer leurs parents, justement parce que ceux-ci avaient trop insisté par le passé pour qu'ils consultent. Ils préféraient que leurs parents ne le sachent pas.

Sans forcer les jeunes qui refusent de consulter, il peut être utile, par exemple, de les rassurer et de leur expliquer qu'ils peuvent rencontrer un psychologue une première fois et décider ensuite de poursuivre ou non la démarche. Certains jeunes craignent d'amorcer un processus dont ils ne pourront pas se retirer s'ils ne sont plus à l'aise. Pourtant, il ne s'agit pas d'un engagement à long terme, comme l'inscription à une session d'activité sportive qui doit être payée à l'avance. Le jeune peut donc décider de cesser le suivi psychologique en tout temps. Lorsque cela survient, le psychologue suggérera souvent une rencontre pour parler des raisons derrière ce désir d'arrêter ainsi que pour boucler la boucle. Encore là, ce type de rencontre est suggéré, mais non obligatoire. Parfois, à la suite de cette consultation, le jeune décidera de poursuivre son suivi, certains inconforts ou inquiétudes ayant été abordés.

Il arrive aussi que des jeunes ressentent l'ambivalence de leurs parents, ce qui les fait hésiter à consulter. Parfois, ce n'est pas l'aide psychologique en soi qui crée cette hésitation parentale, mais plutôt la culpabilité. Cette émotion peut les amener à recourir au déni et à minimiser les difficultés que vit leur enfant. Les jeunes peuvent percevoir ces émotions comme une réticence face à l'obtention d'aide psychologique, alors que ce n'est pas le cas.

Si vous vous trouvez dans cette situation, exprimez clairement à votre enfant que, selon vous, il est important qu'il obtienne de l'aide et que vous le soutenez.

Voici des recommandations supplémentaires pour soutenir un jeune qui hésite à consulter.

1. Normalisez son expérience en lui disant qu'il n'est pas le seul à hésiter à consulter.
2. Demandez-lui s'il sait pourquoi il hésite ou refuse de consulter. S'il l'ignore, rassurez-le en lui précisant qu'il est correct et normal de ne pas être en mesure de mettre des mots sur ce qui le fait hésiter. S'il le veut bien, donnez-lui des exemples de raisons de ne pas vouloir consulter (p. ex. peur de ne pas pouvoir arrêter si on le souhaite, peur de devoir parler de choses avec lesquelles on n'est pas à l'aise, etc.). Dites-lui que vous restez disponible s'il désire en parler dans le futur.
3. Si le jeune semble penser que seules les personnes qui ont des enjeux de santé mentale graves consultent un psychologue, expliquez-lui que plusieurs athlètes de haut niveau voient des psychologues pour les aider à améliorer leurs performances sportives, leur capacité à être dans le moment présent et à gérer leur stress. Toute personne qui désire s'améliorer sur le plan psychologique peut consulter un psychologue. C'est comme faire de l'exercice. Pour se mettre en forme physiquement, on n'a pas besoin de souffrir d'un problème de santé. Il est toujours possible d'améliorer sa santé physique. C'est la même chose pour sa santé mentale. De plus, de nombreuses vedettes abordent le fait qu'elles consultent un psychologue, même certains joueurs de hockey professionnels ou chanteurs en ont parlé publiquement. N'hésitez pas à utiliser des exemples concrets, adaptés aux centres d'intérêt du jeune.
4. Expliquez au jeune qu'il ne sera pas obligé d'aborder des sujets dont il ne veut pas parler et que vous pourrez l'accompagner lors du premier rendez-vous, s'il le désire. Certains parents sont tentés de dire au jeune qu'il doit consulter parce qu'il a vécu tel ou tel traumatisme. Ce type d'affirmation risque de faire peur au jeune, qui n'a pas envie de revisiter une

expérience traumatisante spécifique. De toute façon, il peut être cliniquement contre-indiqué de parler en détail de ce traumatisme pour le moment (par exemple, si le jeune n'arrive plus à fonctionner ou que le trauma est complexe à la suite de négligence ou d'abus vécus dans l'enfance).

5. Vous pouvez donner de l'espoir au jeune en mentionnant que la psychothérapie est un traitement reconnu scientifiquement pour son efficacité en lien avec plusieurs difficultés d'ordre psychologique. Voilà pourquoi vous croyez que ce serait une bonne idée d'explorer cette avenue. Expliquez-lui que faire un travail sur soi prend du temps et que ce n'est pas facile, mais bénéfique.

   Tentez de relier les bénéfices à quelque chose qui concerne directement sa réalité. Par exemple, pour un jeune qui souffre d'anxiété et qui limite ses sorties de la maison, faites ressortir les bienfaits potentiels : « Si tu obtenais de l'aide qui te permettrait d'être moins anxieux, tu pourrais recommencer à jouer au soccer comme tu aimes tant le faire. » Pour un jeune qui a peur des voitures depuis un accident, le raisonnement pourrait être le suivant : « Si tu arrivais à avoir moins peur en voiture, on pourrait recommencer à visiter ta grand-mère, qui te manque tant. »
6. Vous pouvez lui dire que, bien que peu de gens en parlent ouvertement, plusieurs personnes consultent un psychologue, même des jeunes de son âge et peut-être également certains de ses amis. Ainsi, il est possible que des personnes de son entourage aient recours à de l'aide psychologique, mais qu'il ne le sache pas.
7. Si vous avez déjà suivi une psychothérapie, vous pouvez lui en parler et lui expliquer (sans entrer dans les détails) comment cela vous a aidé.
8. Rappelez au jeune qu'il ne s'agit pas obligatoirement d'un engagement à long terme. Il peut ne voir le psychologue qu'une seule fois, s'il le souhaite.

La crainte de se montrer vulnérable

Chez de nombreux jeunes habitués à se surpasser et à accumuler les réussites – comme les sportifs de haut niveau ou ceux qui sont inscrits dans des programmes scolaires exigeants –, j'ai parfois perçu une certaine réticence ou un malaise lié à leur difficulté à se montrer vulnérables. Il peut aussi s'agir de jeunes qui n'ont jamais vu leurs parents se montrer vulnérables, ceux-ci affirmant qu'ils allaient tout le temps bien, ou presque, ou qu'ils n'avaient pas besoin d'aide.

Consulter un psychologue exige de ces jeunes de sortir de cette posture connue, de ce rôle qu'ils ont l'habitude de «jouer». Pour se surpasser ou fonctionner, ils repoussent souvent bien loin en eux leurs inquiétudes et leurs expériences douloureuses, qu'elles soient physiques ou psychologiques.

Pour certains, cette façon de faire devient leur mode de fonctionnement par défaut. Ils y ont recours la majorité du temps et pas uniquement lorsqu'ils en ont absolument besoin ou qu'ils doivent se concentrer sur leurs performances (p. ex. lors d'une compétition de natation ou d'un examen). Ils ne sont pas accoutumés à regarder ni à nommer ces inconforts et ils deviennent de plus en plus déconnectés de leur monde intérieur; la plupart du temps, il ne s'agit pas d'un processus conscient. Ils n'y arrivent tout simplement plus, comme si les fils avaient été coupés et devaient tranquillement et délicatement être renoués.

Dans de tels cas, les psychologues commenceront souvent en douceur pour laisser le temps au jeune de se sentir en sécurité et de rétablir le contact avec cette facette de lui où il a enfoui ses émotions et ses expériences difficiles. Ils aborderont d'abord des sujets moins délicats ou profonds. Ce malaise s'estompe généralement au fur et à mesure que l'alliance thérapeutique se développe et que le jeune se reconnecte peu à peu à son univers affectif.

Dans les dernières années, je remarque toutefois que davantage de jeunes se montrent directs et à l'aise dans leur demande d'aide psychologique. Par exemple, des jeunes qui me consultent en raison de symptômes persistants après une commotion cérébrale m'expliquent parfois dès la première rencontre qu'ils aimeraient obtenir de l'aide pour se sentir moins anxieux. Cette approche franche est encourageante et fait en sorte qu'ensemble, nous pouvons commencer rapidement le travail en abordant des enjeux centraux affectant leur bien-être psychologique.

Pour les jeunes qui refusent de s'engager dans une psychothérapie ou qui n'y ont pas accès, d'autres avenues peuvent être considérées. Par exemple, il est possible d'améliorer leurs habitudes de vie, notamment en misant sur une meilleure hygiène de sommeil, sur la pratique de l'activité physique ou sur une alimentation plus régulière. Mais les jeunes qui ne vont pas bien n'ont souvent pas l'énergie pour entreprendre des changements. Leur capacité à se mobiliser dans l'action donnera des indices à leur entourage sur la sévérité des enjeux psychologiques dont ils souffrent. Car pour prendre soin d'eux, les jeunes doivent disposer d'un certain niveau de bien-être et d'énergie.

Les adultes de l'entourage pourront jouer un rôle clé afin d'aider le jeune à trouver le chemin le plus court vers un meilleur équilibre psychologique. Le prochain chapitre présente plusieurs façons de l'accompagner et de le soutenir.

Chapitre 7

DES CONSEILS POUR AIDER LES JEUNES

Si vous constatez que votre enfant vit des difficultés sur le plan psychologique, vous ressentez probablement beaucoup d'impuissance. Ce chapitre propose des suggestions pour soutenir votre enfant afin qu'il se sente compris, accompagné et qu'il aille mieux. Par ricochet, j'espère qu'il renforcera votre sentiment de compétence parentale en vous fournissant de nouveaux outils pour composer avec la situation.

Le soutien émotionnel des parents favorise un développement sain à l'adolescence et renforce l'estime de soi[1,2]. Les adultes significatifs dans la vie d'un jeune peuvent l'épauler et le guider, en plus de l'aider à retrouver son équilibre psychologique. Ils pourront également l'accompagner pour qu'il trouve le soutien externe approprié lorsque nécessaire. Si le jeune qui vous préoccupe est un adolescent, ne vous laissez pas leurrer : même si les jeunes deviennent de plus en plus indépendants dans cette période de leur vie, ils ont toujours besoin de vous.

Peu importe ce que votre enfant vous dit (p. ex. que tout est votre faute ; que vous ne pouvez rien faire pour l'aider) ou fait (p. ex. il vous rejette ou il est agressif envers vous), votre rôle de parent reste extrêmement important. Vous avez peut-être l'impression de ne plus le reconnaître en raison de son humeur irritable ou parce qu'il passe la majorité de son temps dans sa chambre la porte fermée ou à l'extérieur de la maison, mais sachez que le jeune dont vous connaissez le tempérament et la personnalité est toujours là. Il est parfois bien caché sous ce mal de vivre, cette anxiété accablante ou sous plusieurs couches d'armure, de colère, de honte, de peur, de traumatismes et de désespoir, mais il est bel et bien là.

Une des choses qui pourra aider votre jeune sera d'en arriver à se retrouver sous toutes ces couches, ce qui, toutefois, prendra du temps. Dites-vous que personne d'autre ne connaît aussi bien votre enfant que vous, même si vous avez peut-être l'impression de ne plus le reconnaître.

Une façon d'aider votre jeune pourrait être de l'amener à renouer avec son enfant libre intérieur, celui qui ose être lui-même, qui s'exprime et qui apprécie les petites choses de la vie sans trop se casser la tête. Nous en avons tous un, mais en raison de nos expériences difficiles et des exigences externes, nous le perdons de vue et nous nous coupons de qui nous sommes vraiment.

Dans ce chapitre, je vous donnerai quelques conseils généraux pour vous guider. Puis, dans le chapitre suivant, j'aborderai des pistes liées aux difficultés spécifiques rencontrées. Ces recommandations s'appliquent, que le jeune prenne des antidépresseurs ou non. Comme je l'ai mentionné précédemment, les antidépresseurs ou autres médicaments psychotropes sont loin de tout régler; voilà pourquoi votre soutien est extrêmement précieux, peu importe les circonstances.

Comme vous et votre enfant êtes uniques, il est possible que certaines recommandations ne s'appliquent pas à votre réalité. Il s'agit de conseils généraux qui ne devraient en aucun cas remplacer l'avis d'un professionnel. Il est souvent utile d'essayer une suggestion et de s'ajuster en fonction de ses effets. Il sera contre-productif d'insister si on constate que cette façon de faire ne semble pas être la bonne pour votre enfant ou pour vous-même.

En plus de ce que vous pourrez faire pour aider votre enfant, il se peut que ce dernier ait besoin d'une aide supplémentaire de nature psychologique et/ou pharmacologique. Votre apport n'en demeurera pas moins crucial, peu importe l'intensité de la détresse du jeune. Il aura besoin de se sentir vu et accepté comme il est, par ses parents et par les gens qui l'entourent.

Tolérer la détresse et valider les émotions

Collectivement, nous gagnerons tous à tolérer et à accueillir la détresse des jeunes, même si cela n'est pas toujours facile. Nous tirerons profit de l'accueillir sans tenter de la faire taire, sans l'étouffer à coups de solutions ou l'ignorer en utilisant le déni. Cette attitude d'ouverture diminuera les risques que les jeunes ne se sentent pas entendus ou compris, en viennent à croire qu'ils ne devraient pas se sentir de telle façon ou se renferment de plus en plus sur eux-mêmes.

Dans le cadre de mon travail, des jeunes me racontent souvent qu'ils ont l'impression que leurs émotions ne sont pas légitimes. Selon ce que j'en comprends, le fait que les adultes de leur entourage tentent de les aider en suggérant tout de suite une solution contribue à cette interprétation. Il est important de valider les émotions du jeune en premier lieu. En d'autres mots, lui expliquer qu'on le comprend et qu'on reconnaît comment il se sent. Pour y arriver réellement, essayez de vous rappeler comment vous étiez, enfant ou adolescent.

Par exemple, pensez à votre première peine d'amour ou à votre première grosse dispute avec un ami. Ce n'est pas toujours facile de raviver ces souvenirs lointains, mais c'est souvent utile. Vous remarquerez peut-être l'intensité des émotions et la tendance à voir tout blanc ou tout noir, ce qui efface les teintes de gris. Vous vous rappellerez peut-être l'impression que vous aviez à l'époque – c'est la fin, il n'y a rien à faire – alors que maintenant, comme adulte, vous savez qu'il s'agit d'un état passager. En effet, les émotions passent comme des nuages dans le ciel. Bien que des orages éclatent, la grisaille finit toujours par se dissiper.

Si le jeune s'ouvre à vous, dites-lui simplement: «Je suis content que tu me parles de ce que tu vis.» «Je comprends comment tu te sens.» Votre écoute l'aidera à avoir confiance en ce qu'il ressent et à moins se juger. Il se sentira cru.

Le fait de tenter sincèrement de comprendre la vision du jeune et de nommer votre interprétation («Je comprends que tu sois triste parce que tu t'attendais à être pris dans l'équipe de football») contribuera à le soutenir et à apaiser ce qu'il ressent. Vous pouvez également lui demander si votre compréhension lui semble exacte. Il est possible que vous receviez une rétroaction difficile à entendre, par exemple : « Ce n'est pas ça », « Tu ne comprends rien » ou « Tu ne peux pas m'aider. » Dans ce cas, répondez-lui : « OK, veux-tu m'expliquer davantage ce qui se passe pour toi ? » ou encore : «Je comprends, si tu veux m'en parler davantage, je suis/serai disponible. » Laissez du temps au jeune s'il ne veut pas aborder le sujet maintenant. Nous y reviendrons un peu plus loin.

Favoriser l'autocompassion

Il est possible de soutenir votre enfant dans l'apprentissage de l'autocompassion, et ce, en démontrant d'abord de la compassion envers vous-même. Par exemple, si vous faites une erreur, admettez-le et, au lieu de vous autoflageller, pardonnez-vous. Voici quelques exemples : «Je suis déçu de m'être trompé, mais ça arrive à tout le monde. Je suis humain. » «J'étais distrait, donc j'ai oublié, personne n'est parfait. Je vais le faire maintenant. »

Vous pouvez encourager votre enfant à adopter cette attitude envers lui-même lorsqu'il commet des erreurs ou qu'il obtient de mauvaises notes. Dites-lui, par exemple : « Ça arrive d'avoir une moins bonne note. Rappelle-toi comment tu as bien étudié et essaie de te pardonner, même si ce n'est pas toujours facile. »

Ne pas insister pour qu'ils parlent

Il sera important de ne pas forcer votre enfant à parler de ses sentiments, de ce qu'il vit, de son humeur ou de ses relations avec ses amis si vous sentez qu'il ne le souhaite pas. Il est préférable de dire : «Je serai disponible si tu veux me parler, tu n'as qu'à me faire signe. »

Souvent, les jeunes se sentiront plus à l'aise de parler à leur parent lorsque ce dernier sera occupé (p. ex. quand il conduit ou prépare un repas). Ils ne choisissent pas ce moment par hasard: ils se sentent plus à l'aise de ne pas avoir toute l'attention d'un adulte sur eux, ce qui peut réduire leur stress de partager des informations sur leur vécu et leurs émotions. Dans la mesure du possible, l'adulte peut tenter d'écouter et d'accommoder l'enfant, et éviter de lui dire: «Ce n'est pas un bon moment.» Un adolescent vous ouvre la porte de son univers affectif? Mieux vaut entrer avant qu'il la referme!

Si ce n'est vraiment pas un bon moment – par exemple vous devez quitter la maison pour ne pas être en retard –, expliquez-le à l'enfant et trouvez un autre moment avec lui. «Je serai de retour vers 18 h, est-ce qu'on pourrait en parler à ce moment-là?»

Par ailleurs, il est parfois sage d'attendre avant d'avoir une discussion si vous sentez que le jeune n'est pas émotionnellement disponible, par exemple s'il est très en colère ou s'il vous dit qu'il ne veut pas vous parler. Sans un moment pour se calmer, il aura du mal à réfléchir clairement et à percevoir les nuances de la situation.

En effet, si un de vous deux est trop émotif, il est préférable d'attendre un peu avant de discuter. Vous hésitez? Demandez au jeune s'il s'agit d'un bon moment ou s'il préfère prendre quelques minutes pour s'apaiser avant de parler avec vous. Cette démarche lui donnera l'occasion de se recentrer, de prendre conscience de comment il se sent et de réaliser les bienfaits de faire une pause avant de réagir.

Se concentrer sur ce que le jeune vit

Certains parents se reconnaîtront dans les difficultés que vit leur enfant ou dans ses traits de personnalité. Il peut s'agir de souvenirs d'enfance un peu flous ou, au contraire, très vivides. Cela peut complexifier leurs réactions et leur disponibilité à aider leur enfant, surtout s'ils parlent avec lui de ce qu'ils ont eux-mêmes vécu. Les jeunes en détresse ne se sentent généralement pas très soutenus lorsque leurs interlocuteurs commencent à parler de ce qu'ils ont vécu ou de ce qu'ils ont fait dans une certaine situation, même si elle est similaire. Bien que l'intention soit bonne, le jeune se sentira souvent peu écouté, puisque chaque situation est différente et qu'il a besoin d'être entendu dans sa singularité.

Si vous vous sentez happé par vos propres craintes ou expériences passées, voici certaines recommandations susceptibles de vous aider. Premièrement, en prendre conscience constitue une bonne première étape. Deuxièmement, rappelez-vous que vous et votre enfant êtes deux personnes distinctes et que sa situation ne correspond pas exactement à la vôtre. Troisièmement, si l'enfant ou l'adolescent vous explique comment il se sent, ne parlez pas de votre expérience personnelle. Il peut y avoir des exceptions, par exemple si vous êtes persuadé que votre histoire aidera votre enfant. Toutefois, ce type de partage devra être bref et ne survenir que rarement.

De plus, certains parents expriment en détail à leur enfant ce qu'ils ressentent par rapport au fait qu'il ne va pas bien. Cela risque d'augmenter le sentiment de culpabilité du jeune et lui mettre de la pression pour qu'il aille mieux. Conséquemment, il pourrait en venir à partager de moins en moins d'informations avec ses parents sur ce qu'il vit ou ressent. Vos émotions sont tout à fait légitimes, mais mieux vaut en parler avec un adulte, comme un ami, un collègue ou un professionnel de la santé mentale.

Demander au jeune comment on peut l'aider

Comme adulte, on passe parfois beaucoup de temps à chercher comment aider un enfant ou un adolescent. On peut lui demander tout simplement : « As-tu une idée de ce qui pourrait t'aider ? » « De quoi aurais-tu besoin ? » « Que puis-je faire pour que tu ailles mieux ? »

Il est fort probable qu'il ne sache pas quoi répondre sur le coup, surtout si c'est la première fois qu'il se fait poser la question. Il pourrait cependant revenir vous voir quelques jours ou quelques semaines plus tard avec une idée. L'important, c'est qu'il saura que vous êtes ouvert à entendre son point de vue quant aux solutions possibles.

Certaines des solutions que le jeune a identifiées seront peut-être difficiles à entendre pour vous. Voici quelques exemples : il aimerait arrêter un sport compétitif qu'il pratique depuis plusieurs années ; il songe à abandonner un programme d'études spécifique comme le baccalauréat international pour s'inscrire à un parcours scolaire régulier ; ou encore il souhaite habiter avec un seul de ses parents plutôt que d'alterner entre les deux.

Si tel est le cas, il vaut mieux prendre une grande respiration et ne pas bloquer le projet tout de suite en répondant à votre enfant que cela n'est pas possible. À la place, posez-lui des questions pour comprendre sa perspective et les raisons derrière ses idées. Par la suite, vous pourrez parler à un autre adulte, comme votre conjoint ou un proche de ce que la suggestion de votre enfant a éveillé en vous, de ce qu'elle vous a fait vivre. Vous serez alors plus disposé à en rediscuter avec votre enfant.

Si votre enfant ne sait pas ce qui pourrait l'aider, demandez-lui s'il est ouvert à des suggestions. S'il accepte, faites-lui des propositions. Pour vous aider, pensez à des choses qu'il aime ou qu'il aimait lorsqu'il était plus jeune. Vous pouvez lui suggérer de vous accompagner dans le cadre d'activités bien simples, par exemple lorsque vous allez faire les courses ou marcher.

Éviter les comparaisons et les « Tu as tout pour bien aller »

Une autre stratégie que j'observe parfois chez les parents est la suivante : comparer l'enfant à un autre jeune qui vit une situation semblable ou jugée plus difficile. Il est préférable d'éviter de comparer la situation du jeune. Il y a souvent pire que nous, mais cela nous aide-t-il vraiment de nous le faire rappeler ?

Imaginez que vous expliquez à une amie que vous venez de vous casser la cheville ; elle commence alors à vous parler de sa tante qui a de multiples fractures à la cheville, mais aussi aux hanches à la suite d'un accident de voiture. Son objectif est de vous réconforter en vous montrant que des gens vivent des situations pires que vous. Comment vous sentiriez-vous ? Peut-être comprendriez-vous l'intention de votre amie, mais cela vous aiderait-il ? Vous sentiriez-vous écouté et soutenu ? Certains parents, pris au dépourvu par la détresse de leur enfant, utilisent cette stratégie en vain.

Par ailleurs, plusieurs jeunes se font dire : « Tu as tout pour bien aller » ou « On fait tellement de choses pour toi. » Ils ont alors tendance à se remettre en question, à douter d'eux-mêmes ou à se sentir coupables. Ils essaient de se convaincre qu'ils devraient bien aller et enfouissent bien au fond d'eux toutes les émotions qu'ils ressentent. Celles-ci risquent de s'accumuler et prendront de plus en plus de place pour plus tard se manifester sous une forme ou une autre (p. ex. attaques de panique, maux de ventre ou de tête, difficultés de sommeil).

En entendant de tels propos, les jeunes ne se sentiront pas vus ni acceptés tels qu'ils sont. Ils pourraient devenir encore plus confus et avoir plus de difficulté à comprendre ce qui se passe à l'intérieur d'eux. Pourtant, pour un jeune, prendre conscience de ce qu'il vit constitue souvent la première étape vers un retour du bien-être psychologique.

Garder en tête que chaque jeune est différent

Nous avons tous des idées préconçues en lien avec certains diagnostics (p. ex. dépression, anxiété, anorexie, trouble de l'adaptation, trouble obsessionnel-compulsif, etc.) et certains traitements (p. ex. antidépresseurs ou autre médication, psychothérapie). Gardez en tête que chaque jeune est différent et que la santé mentale est extrêmement complexe. Il est possible que les conseils que vous lisez ou que vous obtenez d'autres parents ne s'appliquent pas à vous ni à votre enfant. Il se peut également qu'une stratégie soit bénéfique pendant quelques mois et ne fonctionne plus par la suite pour votre enfant.

De plus, personne ne s'insère parfaitement dans les cases diagnostiques puisque les histoires de vie et les façons de penser sont différentes, en plus de se modifier sans cesse. Chaque jour, le jeune vit diverses expériences et peut développer de nouvelles craintes ou d'autres stratégies pour aller mieux.

Le DSM ou les autres ouvrages de classification des troubles mentaux ne réussissent pas à classifier chaque vécu humain. Nous devons faire preuve de nuance et de flexibilité, surtout pour les enfants qui sont en développement constant et qui sont grandement influencés par le milieu (familial, scolaire, social) dans lequel ils évoluent. Que nous soyons parents, enseignants ou professionnels, il est risqué de penser que parce qu'un jeune a reçu un diagnostic x, il correspondra parfaitement aux critères qui y sont associés. Il demeure important d'accepter les différences des jeunes, leur individualité et leurs besoins distincts. Ils s'en porteront mieux.

Éviter la surprotection

La ligne est mince entre soutenir émotionnellement un enfant et le surprotéger. Oui, les adultes doivent offrir du soutien aux jeunes, mais passé une certaine limite, il ne s'agit plus de soutien, mais bien de surprotection. La surprotection peut avoir plusieurs impacts sur le développement et la santé mentale de l'enfant et de l'adolescent. Elle peut augmenter l'anxiété, les symptômes dépressifs et diminuer l'estime de soi.

J'explique souvent aux parents, avec bienveillance, qu'en surprotégeant leur enfant ils risquent de nourrir l'anxiété. Par exemple, un parent qui empêche son enfant d'aller jouer chez des amis ou au parc, même si le jeune est tout à fait capable de le faire et que ses pairs le font, peut engendrer des peurs liées à ces activités. Pour les adolescents, cela peut concerner les activités avec les amis, l'utilisation des transports en commun ou le fait de travailler. Il faut bien évidemment considérer les différences culturelles.

Pour mieux comprendre les enjeux du développement psychologique, prenons l'exemple d'une surprotection touchant le développement de la motricité. Imaginez un jeune enfant qui serait en mesure de monter des marches avec un soutien minimal et de la supervision, mais dont le parent choisirait de ne pas le laisser faire, de peur que le petit tombe. Cela risquerait de retarder son développement moteur puisqu'il manquerait d'entraînement. Les mêmes situations peuvent avoir lieu, mais d'un point de vue psychologique. Les enfants sont capables de faire face à la réalité en étant bien accompagnés, comme le bambin dont on tient la main lorsqu'il s'aventure dans l'escalier. Cela leur permet de se développer et de devenir affectivement plus autonomes.

La surprotection va parfois très loin ; par exemple, un parent ne partagera pas des informations avec le jeune de peur qu'elles lui fassent trop de peine. Ce peut être des nouvelles concernant la famille (son grand-père est hospitalisé), l'entourage (son *coach* est renvoyé parce qu'il était jugé trop agressif) ou tout simplement des faits le touchant (une maladie ou même une histoire d'adoption). Dans la majorité des situations, il est préférable de dire la vérité aux enfants et de faire confiance à leur capacité de traverser des épreuves. Il sera approprié d'ajuster le langage utilisé à l'âge de l'enfant, pour s'assurer qu'il comprenne bien, et de ne pas donner trop de détails dans un premier temps, mais d'être ouvert à répondre à ses questions.

L'une des raisons principales derrière cette recommandation, qui consiste à donner aux jeunes des informations en lien avec des éléments qui les touchent, est qu'ils les découvriront tôt ou tard. Ce jour-là, ils pourraient alors se sentir trahis et perdre confiance en vous. De plus, les enfants ressentent les émotions, même celles que nous tentons de cacher, et ils imaginent souvent le pire. Ils ont aussi tendance à penser que si leurs parents ou les adultes autour d'eux sont tristes ou irritables, c'est à cause d'eux, alors que ce n'est généralement pas le cas. Ainsi, certains jeunes sont extrêmement soulagés lorsqu'on leur explique ce qui se passe vraiment. Ils savaient que quelque chose d'important se passait, mais comme ils n'avaient pas accès à l'information, ils avaient imaginé quelque chose d'encore plus grave. L'anxiété s'ajoutait à leur état déjà fragilisé.

J'ai été confrontée à des situations très souffrantes dans mon travail en traumatologie dans lesquelles plusieurs membres d'une famille étaient blessés ou décédés. Même dans ces situations extrêmes, annoncer la triste vérité à l'enfant survivant a toujours été la meilleure option, pour lui, pour sa famille ainsi que pour l'équipe soignante. Dire les choses avec transparence aide le jeune à se sentir respecté, soutenu, malgré l'immense choc et la grande tristesse. Cela lui permet de vivre ses émotions d'une façon plus «synchronisée» avec les gens qui l'entourent, au lieu d'être en décalage.

Certains parents craignent de partager des informations difficiles: ils sous-estiment leur propre capacité à supporter la souffrance de leur enfant. Pourtant, la majorité des parents sont en mesure de la tolérer. Si vous êtes dans cette situation, dites-vous que ces épreuves forgeront votre enfant, et qu'il deviendra plus apte à affronter les mille et une expériences difficiles que la vie mettra sur son chemin. Certains estiment que le bonheur réside dans l'acceptation que la vie comporte de multiples épreuves, des deuils et des déceptions. Tenter d'empêcher votre enfant d'en vivre, c'est le priver de cette prise de conscience, qui peut être libératrice. C'est l'empêcher de découvrir et d'affiner les forces qu'il possède pour traverser les tempêtes.

En terminant, il est important d'informer l'enfant des situations qui le touchent, mais il ne s'agit pas non plus de le submerger d'informations qui ne sont pas pertinentes pour lui. Par exemple, si une personne éloignée est malade et que cela vous affecte peu, vous n'avez pas à aborder le sujet avec lui.

Identifier les comportements de surprotection

Les comportements de surprotection ne sont pas toujours faciles à identifier: un comportement adapté à un enfant de 9 ans peut devenir de la surprotection lorsqu'il a 11 ans. Je ne dresserai donc pas de liste exhaustive de comportements de surprotection étant donné la multitude de facteurs à prendre en compte: l'âge du jeune, son niveau de développement et de maturité dans différentes sphères, le contexte culturel, les valeurs familiales, etc.

Ce qui peut aider à reconnaître un comportement de surprotection est d'écouter la petite voix à l'intérieur de vous qui dit que votre enfant est capable d'effectuer telle ou telle chose et que c'est la peur qui vous empêche de le laisser agir seul. N'hésitez pas non plus à observer les autres enfants du même âge et ce que leurs parents leur permettent de faire (p. ex. se rendre au parc seul, prendre le transport en commun seul, etc.), et ne balayez pas trop vite du revers de la main les commentaires de proches qui affirment que vous surprotégez vos enfants.

Trouver l'équilibre entre une trop grande permissivité et une trop grande autorité

Ne pas surprotéger son enfant ne signifie pas de le laisser sans encadrement. La négligence est liée à des conséquences néfastes pour les jeunes, par exemple une faible estime de soi, de l'anxiété et des difficultés d'attachement. Il s'agit donc de trouver l'équilibre entre la surprotection et une trop grande permissivité.

La parentalité représente un défi de taille et aucun parent n'est parfait. Il n'est pas toujours facile d'avoir une attitude chaleureuse tout en établissant des limites raisonnables, claires et adaptées. L'objectif est de permettre au jeune de se sentir soutenu et encadré, tout en lui laissant une marge de liberté pour tenter de nouvelles expériences. Cela l'aidera à se développer sainement.

Il faut donc mettre en place une autorité équilibrée. Un parent n'est pas l'ami de son enfant et il ne devrait pas dire oui à tout ce qu'il demande. L'adulte n'est pas non plus un commandant d'armée rigide qui donne des ordres sans arrêt. Le juste milieu est parfois difficile à trouver.

Même quand l'état psychologique de votre enfant est fragile, il est important de garder une autorité équilibrée. Certains parents sont tentés de devenir plus permissifs et de laisser passer des comportements (p. ex. agressivité, plagiat) qu'ils n'accepteraient pas normalement. Il est possible d'ajouter au début d'une discussion une phrase pour que le jeune se sente compris : «Je comprends que tu ne vas pas bien, mais ce n'est pas acceptable que tu dises des choses blessantes à ton frère, etc.»

Plusieurs enfants et adolescents voient leurs résultats scolaires baisser lorsqu'ils ne vont pas bien psychologiquement. Il est important que les parents ne soient pas trop critiques dans ce domaine. À la place, ils peuvent l'encourager et l'aider à étudier (p. ex. en lui posant des questions) ou lui fournir du tutorat.

Voici quelques caractéristiques d'une trop grande autorité, d'une autorité équilibrée et d'une trop grande permissivité, pour vous aider à les distinguer.

Trop grande autorité	Autorité équilibrée	Trop grande permissivité
Ne pas donner assez d'autonomie (p. ex. refuser que le jeune se prépare à manger alors qu'il en est capable, travaille ou aille au parc avec ses amis alors que le quartier est sécuritaire).	Ajuster le niveau d'autonomie selon les capacités de l'enfant et augmenter ce niveau lorsque le jeune devient plus responsable.	Donner trop de latitude et d'autonomie pour les habiletés et la maturité de l'enfant (p. ex. laisser l'enfant aller où il veut sans savoir à quel endroit il se trouve).
Imposer trop de règles (p. ex. règles entourant les amis fréquentés, les notes minimales à l'école, la poursuite de certaines activités parascolaires que l'enfant n'aime plus).	Offrir un encadrement raisonnable.	Ne pas établir suffisamment de règles (p. ex. pas d'heure de rentrée) ou les appliquer d'une manière aléatoire.
Trop s'inquiéter et intervenir par rapport à certains comportements ou enjeux que vit le jeune (p. ex. demander à rencontrer son enseignant dès que ses résultats scolaires baissent un peu), alors qu'il serait capable de gérer la situation.	Poser les actions appropriées lorsque les comportements sont préoccupants.	Minimiser la sévérité de certains comportements (p. ex. ne pas consulter lorsque le jeune mange beaucoup moins et perd du poids) et ne pas intervenir alors que le jeune en aurait besoin.
Faire des choses et prendre des décisions à la place de l'enfant, alors qu'il serait en mesure d'agir seul (p. ex. choisir son programme d'études à l'adolescence).	Guider l'enfant en lui donnant des conseils et en intervenant au besoin. Le laisser prendre des décisions adéquates pour son âge.	Ne pas protéger l'enfant et ne pas lui offrir d'accompagnement.

Diminuer la pression en lien avec la performance scolaire et l'avenir

Plusieurs jeunes, surtout les adolescents, me parlent de la pression qu'ils ressentent en lien avec leur avenir, tant dans leur milieu familial qu'à l'école. Ils sentent qu'ils ont absolument besoin de se dépasser et d'être parmi les meilleurs. Pourtant, c'est pratiquement impossible que tous les élèves d'une classe aient plus de 90 %. On leur dit qu'ils doivent suivre les cours de mathématiques et de sciences plus avancés pour s'ouvrir toutes les portes. Toutefois, ce ne sont pas tous les jeunes qui auront besoin de ces matières dans leur parcours scolaire ou professionnel. De plus, ce ne sont pas tous les jeunes qui aiment ces matières ou qui ont les capacités cognitives pour les réussir. Un enfant qui a toujours eu de la difficulté en mathématiques ne deviendra pas meilleur à 15 ans, alors que la matière se complexifie.

Plusieurs adolescents sentent qu'ils doivent obtenir d'excellents résultats scolaires ou savoir ce qu'ils veulent faire dans la vie. Certains se mettent une pression paralysante pour prendre des décisions qui sont parfois perçues comme étant irréversibles. Les jeunes entendent souvent qu'ils doivent avoir un plan, avoir des notes supérieures à la moyenne, avoir décidé où ils seront dans plusieurs années, alors que la vie est pleine d'imprévus et de surprises.

De plus, la société est formée d'une panoplie de types de travailleurs et de gens qui y contribuent à leur façon. Ne laissons pas notre anxiété collective nuire à nos enfants en leur mettant si tôt une pression concernant leur avenir. Tout cela crée beaucoup de stress et empêche certains jeunes de se connecter à ce qu'ils veulent, à ce qu'ils aiment, à ce qu'ils ont vraiment envie de faire. Il existe de nombreux parcours acceptables ; lorsqu'ils auront 40 ans, avoir pris quelques années de plus ou de moins pour trouver ce qui avait du sens pour eux n'aura pas changé grand-chose.

Comme adultes, donnons à nos jeunes le droit à l'erreur, à l'incertitude et n'imposons pas de cibles irréalistes. Ne leur demandons pas d'entrer dans un moule préconçu qui les étouffe. Informons les jeunes que plusieurs parcours sont acceptables, qu'il n'y a rien d'anormal à ne pas avoir encore de plan de carrière à 16 ans, qu'ils ne sont pas obligés de faire de très longues études et qu'ils peuvent changer leurs plans. Vous pouvez dire au jeune qu'il sera toujours possible de modifier son parcours s'il est malheureux et encourager sa curiosité ainsi que ses capacités d'adaptation face à l'imprévu. Pour que votre message porte ses fruits, vous devez toutefois être convaincu. Sinon, le jeune risque de ne pas vous croire.

L'avenir peut être flou et on ne peut pas forcer un jeune à savoir quel emploi il aimerait occuper. Vous pouvez quand même l'accompagner dans sa réflexion et l'aider à chercher des ressources pour le guider, répondre à ses questions, l'encourager à consulter le conseiller en orientation de son école, ou le mettre en contact avec quelqu'un dans votre réseau qui occupe un emploi dans un domaine qui l'intéresse.

Réparer les faux pas

Le rôle de parent vient inévitablement avec des faux pas. Par exemple, un parent qui passe une mauvaise journée pourrait élever la voix lorsque son enfant lui pose une question anodine. Ce comportement n'est pas justifié et n'est pas relié au fait que l'enfant a fait quelque chose d'inadéquat, mais plutôt au fait que l'adulte est de mauvaise humeur. Voici autre exemple : un parent demande à son enfant d'arrêter de pleurer parce qu'il n'arrive pas à tolérer la détresse et la tristesse de celui-ci.

Dans ces situations, il sera bénéfique de poser un geste réparateur. Cela permettra à l'enfant de se sentir moins coupable et de ne pas interpréter son comportement comme étant inadéquat. Expliquez simplement à l'enfant ce qui s'est passé et excusez-vous. Par exemple : «Je suis désolé d'avoir crié tantôt, je n'aurais pas dû. Tu avais tout à fait le droit de poser ta question. J'ai monté le ton parce que j'ai passé une journée difficile et que j'étais impatient, mais ça n'a aucun lien avec toi ou ton comportement. Je m'en excuse. Aimerais-tu qu'on reparle de ta question maintenant ?»

À un jeune qui pleurait, vous pouvez dire : «Je suis désolé de t'avoir demandé d'arrêter de pleurer. Tu avais le droit de manifester ta peine. Ta tristesse me rendait mal à l'aise et je trouvais ça difficile de te voir comme ça, mais je n'aurais pas dû agir de la sorte. Je m'en excuse. Je vais tenter de travailler là-dessus pour être capable d'être davantage présent pour toi. Aimerais-tu me reparler de la situation et de ta tristesse ? »

Ces gestes réparateurs aideront le jeune à comprendre que son comportement était légitime et adéquat. Ils empêcheront le jeune de retourner l'agressivité vers lui ou de penser qu'il ne fait pas bien les choses. Cela lui apprendra aussi comment s'excuser, en vous observant, ce qui favorisera ses relations interpersonnelles.

Encourager l'activité physique

L'exercice physique contribue à améliorer l'humeur des jeunes. Des recherches ont démontré des liens entre l'exercice physique régulier et la réduction des symptômes dépressifs ainsi qu'une amélioration de l'humeur chez les adolescents[3,4].

Toutefois, il est possible que la détresse de votre enfant l'empêche de se mobiliser pour faire de l'exercice. Après tout, si cela était si facile, tout le monde suivrait les recommandations en lien avec la pratique de l'activité physique régulière, mais c'est loin d'être le cas. Lorsque la santé mentale vacille, il est encore plus difficile de trouver l'énergie pour bouger et fournir des efforts physiques, même pour les jeunes qui aiment cela.

On le sait, un des symptômes de la dépression se manifeste souvent par la perte de motivation pour les choses que l'on aime. Dans cette situation, il peut être opportun de suggérer des activités physiques peu exigeantes, comme la marche. Lorsqu'un jeune manque de motivation pour les activités quotidiennes (p. ex. se brosser ses dents), lui parler de jouer au soccer ou d'aller courir équivaudra pour lui à l'ascension du mont Everest. Les jeunes qui n'ont jamais vraiment aimé faire de l'exercice auront beaucoup de difficulté à s'y mettre alors qu'ils se sentent écrasés sous le poids de l'anxiété ou de la dépression.

Cette recommandation peut être simple à mettre en place ou presque impossible en fonction de l'âge de l'enfant et de ses centres d'intérêt. Souvent, plus les enfants sont jeunes, plus il est facile de faire une place à l'exercice physique dans leur vie. Demandez à votre enfant quel type d'activité il aimerait pratiquer et ensuite évaluez-en la faisabilité. Certains jeunes aiment faire des activités physiques avec leurs parents, comme de la randonnée, du vélo ou jouer au badminton. N'hésitez pas à leur soumettre des propositions, vous pourriez être surpris.

Chez les jeunes qui souffrent d'un trouble alimentaire, l'activité physique peut être contre-indiquée en raison des risques pour la santé. Il faudra consulter l'équipe ou le médecin traitant de votre enfant à ce sujet.

Limiter l'exposition aux réseaux sociaux et aux écrans

Selon les réponses de 18 000 jeunes Québécois à un sondage, ceux qui passent plus de quatre heures par jour sur les réseaux sociaux présentent presque deux fois plus d'anxiété ou de dépression que ceux qui y consacrent moins de deux heures par jour[5]. Sachant que, selon cette même enquête, 17,3 % des jeunes de 12 à 17 ans passent un minimum de quatre heures par jour sur les réseaux sociaux, ces données sont préoccupantes.

D'autres études indiquent que les adolescents qui fréquentent davantage les réseaux sociaux sont plus susceptibles de présenter des symptômes d'anxiété et de dépression, de la détresse psychologique, une plus faible estime de soi et un sommeil de moindre qualité[6,7]. Les jeunes qui disent ne pas recevoir l'aide nécessaire sur le plan de leur santé mentale rapportent utiliser les réseaux sociaux plus souvent que ceux qui affirment ne pas avoir de besoins non comblés dans ce domaine[8].

Ce n'est pas toujours facile de savoir ce qui vient en premier : les enjeux de santé mentale ou l'exposition fréquente aux réseaux sociaux. Les deux peuvent s'influencer. En effet, les personnes qui ont tendance à être anxieuses à la base semblent plus attirées par les médias sociaux et elles sont aussi susceptibles de vivre davantage d'anxiété après y avoir passé du temps[9]. L'utilisation des réseaux sociaux serait également liée à une crainte de manquer quelque chose (*fear of missing out*)[10].

Par ailleurs, les gens présentent souvent seulement les côtés positifs de leur vie sur les réseaux sociaux, entraînant des comparaisons sociales. Cela peut affecter la santé mentale, l'estime de soi et les insatisfactions en lien avec l'apparence physique des gens qui les consultent[11]. Ce sont là quelques-unes des raisons qui devraient nous inciter à limiter l'usage de ces plateformes chez les jeunes.

D'autres études révèlent que le temps consacré aux réseaux sociaux et passé devant la télévision serait relié à des symptômes dépressifs plus sévères[12]. Par symptômes dépressifs, on fait référence à un sentiment d'inutilité, à un état dépressif et à des pensées de mort répétitives. Les chercheurs parlent également d'un « processus de spirale descendante » : les jeunes déjà déprimés le deviennent plus s'ils passent davantage de temps sur les médias sociaux.

Une autre étude a démontré que les jeunes qui utilisent plus intensément les réseaux sociaux sont plus à risque de rapporter des symptômes de troubles alimentaires[13].

En 2023, le chirurgien général des États-Unis a exprimé ses préoccupations en lien avec le fait que les enfants passent beaucoup de temps sur les écrans et que, de ce fait, les circuits neuronaux de gratification sont trop stimulés dès un bas âge. Ces circuits, présents dans notre cerveau, sont activés par des activités qui apportent un plaisir significatif, rapidement et sans efforts, comme regarder une vidéo qui nous fait rire ou gagner des points dans un jeu vidéo. L'attrait des écrans et leur aspect addictif viendraient notamment du fait que les humains ont tendance à répéter les actions qui apportent une récompense immédiate. Plus l'enfant est jeune, moins il comprend les effets négatifs potentiels des écrans et moins il aura l'autodiscipline nécessaire pour cesser de faire défiler des vidéos qui le font rigoler. La mise en place de limites est alors essentielle. En 2024, le chirurgien général des États-Unis ajoutait d'ailleurs que les réseaux sociaux jouent un rôle majeur dans la crise de santé mentale qui frappe la jeunesse[14].

Quel pouvoir avons-nous comme adultes ?

Aux États-Unis, environ 95 % des jeunes de 13 à 17 ans rapportent fréquenter les réseaux sociaux et pour plus du tiers, cet usage serait presque constant[15]. Il ne s'agit pas d'interdire les réseaux sociaux ou les écrans aux enfants, mais de baliser leur exposition pour atteindre un équilibre.

J'en conviens, tenter de limiter le temps d'écran d'un jeune, surtout d'un adolescent, est extrêmement difficile. Des recherches supplémentaires sont nécessaires afin de mieux comprendre les effets de l'exposition à l'univers numérique chez les jeunes et de donner les meilleures recommandations, mais en voici certaines qui pourraient aider l'enfant :

- D'abord, donnez l'exemple en limitant vous-même le temps que vous passez sur votre cellulaire ou votre tablette.
- Demandez à votre enfant s'il remarque des effets de son exposition prolongée aux écrans. S'il n'en remarque pas, donnez-lui des exemples de ce que certaines personnes ressentent (p. ex. fatigue, agitation, inconforts au niveau des yeux, humeur plus irritable ou maussade, etc.). Cela pourrait l'aider à prendre conscience, graduellement, des effets des longues heures passées sur les écrans.
- Encouragez votre enfant à avoir des interactions en personne avec ses amis.
- Créez un code de conduite familial en lien avec l'univers numérique. Cette initiative pourra donner lieu à des discussions et à la mise en place de limites au sujet du temps passé avec les écrans. Ce plan peut décréter des moments sans écran, par exemple pendant l'heure des repas, qui sont souvent une bonne occasion de se connecter aux autres membres de la famille. Une règle très utile pour favoriser le sommeil est de ne pas permettre les téléphones cellulaires dans la chambre à coucher la nuit. Prévoyez un espace pour recharger les cellulaires de toute la famille, y compris les parents,

la nuit. Il est possible de se procurer des réveils-matin qui ne sont pas le téléphone cellulaire. Ce plan numérique peut aussi concerner le type de contenu visionné et l'importance de ne pas partager d'informations personnelles sur les réseaux sociaux.

- Dites à votre enfant de vous informer ou d'informer un autre adulte s'il vit de l'intimidation en ligne ou s'il reçoit des demandes qui le rendent mal à l'aise (p. ex. partager des photos de nature sexuelle). Les cas d'intimidation ou les comportements inappropriés peuvent être signalés sur la plateforme en ligne, à l'école (s'il s'agit d'un camarade de classe) ou même à la police dans certaines situations.
- Discutez avec les parents d'amis de vos enfants pour tenter d'établir des normes partagées. Cette concertation rendra les règles plus faciles à appliquer dans chaque famille.

Favoriser un bon sommeil

Je l'ai mentionné précédemment : la qualité et la quantité de sommeil ont un impact majeur sur le bien-être psychologique d'un jeune, et les difficultés relatives au sommeil sont fréquentes à l'adolescence[16].

Vous pouvez aider le jeune en lui demandant s'il remarque des changements lorsqu'il dort bien ou moins bien. Donnez-lui des exemples de conséquences d'une nuit plus courte (p. ex. manque d'énergie, irritabilité, difficultés de concentration). Cela l'aidera à réaliser les effets que cela a sur lui.

La recherche indique qu'encadrer l'heure du coucher, même chez les adolescents, peut les amener à se coucher plus tôt, à dormir davantage, à être moins somnolents et à avoir un sommeil d'une meilleure qualité[17]. Il est donc recommandé, pour les parents, de fixer des balises quant aux heures de coucher et de s'ajuster selon l'âge du jeune (c'est-à-dire de retarder graduellement l'heure du coucher). Fait intéressant : les jeunes qui rapportent une meilleure qualité de leur relation avec leurs parents dorment généralement mieux[18].

Voici des recommandations qui aideront le jeune à avoir un sommeil plus réparateur. Elles sont parfois difficiles à instaurer lorsque certaines habitudes sont déjà installées, donc tentez de les instaurer quand l'enfant est le plus jeune possible.

1. Réserver le lit comme endroit pour dormir. Cela implique que le jeune n'y fasse pas ses devoirs ou n'y passe pas du temps sur son cellulaire ou sur sa tablette, par exemple.
2. Maintenir un horaire constant, c'est-à-dire tenter d'aider le jeune à se coucher et à se lever autour des mêmes heures. Les variations d'une journée à l'autre concernant les heures de coucher et de lever ne devraient pas être de plus de deux heures[19]. Par exemple, un jeune qui se couche habituellement vers 21 h en semaine ne devrait pas, idéalement, se coucher après 23 h la fin de semaine. Cette recommandation est parfois difficile à appliquer pour les adolescents qui commencent l'école de bonne heure et qui auront besoin de récupérer la fin de semaine. Au moins, de plus en plus d'écoles retardent le début des classes pour s'ajuster au rythme physiologique des adolescents, mais plusieurs établissements scolaires commencent encore les cours vers 8 h.
3. Cesser l'exposition aux écrans au moins une heure avant le coucher.
4. Ne pas faire d'exercice physique exigeant environ deux heures avant de se coucher.
5. Instaurer une routine du coucher[20]. Il peut s'agir d'activités variées, réalisées chaque soir environ 20 à 30 minutes ou plus avant de se mettre au lit : prendre un bain ou une douche, lire un livre, écrire un journal intime, faire de la méditation, tamiser les lumières, se mettre en pyjama, etc. Quelle qu'elle soit, cette routine aide le cerveau à associer certaines activités à l'heure du coucher. Ainsi, elle favorise la sécrétion de mélatonine, une hormone qui favorise le sommeil, avant que la tête se pose sur l'oreiller.

6. Limiter la consommation de caféine.
7. Laisser le jeune se lever pour faire une activité calme et non stimulante – pas d'écrans ni de lumière vive – s'il n'arrive pas à s'endormir ou à se rendormir pendant plus de 30 minutes[21]. Quelques exemples : prendre un verre d'eau et regarder une revue, ou lire un livre sous une lumière douce, de préférence peu captivant pour éviter que le jeune reste éveillé trop longtemps. Le but est de favoriser la détente et la sécrétion de mélatonine. Lorsque la fatigue se fait sentir, le jeune doit retourner se coucher. Cette approche permet de diminuer le stress ressenti lorsque la personne tourne d'un côté et de l'autre dans son lit en se disant qu'elle devrait dormir. Elle dirige l'attention vers autre chose et favorise la détente au lieu de l'agitation et du stress, qui ne sont pas compatibles avec le sommeil.
8. Créer un environnement favorable au sommeil en s'assurant que :
   - la chambre à coucher est un endroit silencieux et sécuritaire pour le jeune ;
   - le jeune n'a pas accès à des écrans (p. ex. télévision, tablette, cellulaire) dans la chambre à coucher ;
   - le matelas et l'oreiller sont confortables ;
   - la température de la chambre est adéquate.
9. Se montrer disponible avant le coucher pour écouter ou soutenir son enfant. Les jeunes ont parfois besoin de parler avant de s'endormir, surtout s'ils ont eu une journée difficile, chargée d'émotions ou stressante. Ceux que je rencontre me disent souvent que le moment de la journée où ils ressentent le plus d'anxiété est celui avant de s'endormir. Ils se retrouvent seuls et en silence avec leurs pensées, leurs préoccupations et leurs inquiétudes. Il n'y a plus rien pour les étourdir ou les distraire. Certains apprécient la présence d'un adulte avec qui ils peuvent partager leurs soucis, mais il est important de ne pas insister pour qu'ils parlent. Ils ont parfois juste besoin d'une présence physique, d'un câlin ou d'un simple « Je t'aime ».

Encourager l'altruisme

Les activités qui visent à aider les autres, en plus de bénéficier aux gens aidés, apportent également des bienfaits à ceux qui posent des gestes d'altruisme. Ces actions sont liées à la sécrétion de neurotransmetteurs comme la dopamine et la sérotonine et d'hormones comme l'ocytocine, qui favorisent le mieux-être[22]. Vous rappelez-vous vous être senti vraiment bien après avoir aidé quelqu'un ? Il s'agissait probablement des effets de ces substances. L'ocytocine est même souvent appelée l'hormone du bonheur.

Vous pouvez donc encourager les jeunes à poser des actions altruistes. Voici quelques exemples : vous accompagner lorsque vous allez aider un parent âgé, faire une activité de bénévolat ou s'impliquer dans un groupe qui milite pour une cause qui leur tient à cœur.

Heureux sera le jour où les activités d'altruisme seront intégrées au programme scolaire. Cela aiderait les jeunes, en plus de soutenir les gens dans le besoin. Par exemple, les jeunes d'une classe pourraient participer activement à des initiatives pour une maison de retraite ou une organisation communautaire près de leur école, ou choisir le type d'aide qu'ils souhaitent apporter, selon leurs centres d'intérêt. Ils apprendraient énormément et cela leur permettrait d'être exposés à des réalités qui leur sont inconnues. Ces activités développeraient aussi un esprit de communauté, réduisant ainsi le sentiment de solitude, dont personne n'est à l'abri.

Proposer d'écrire un journal intime

Pour certains jeunes, écrire un journal intime peut les aider à mieux comprendre ce qui se passe à l'intérieur d'eux, à nommer leurs émotions et à prendre un pas de recul. Cette activité a même été associée à une diminution de la production de cortisol, une hormone sécrétée lorsque nous sommes stressés ou exposés à des souvenirs difficiles[23], comme si l'écriture aidait à intégrer des expériences passées, pour les rendre un peu moins stressantes et douloureuses.

Il existe plusieurs types de journaux intimes. Certains favorisent l'écriture libre : la personne écrit ce qu'elle vit ou ressent de façon spontanée et libre, selon un cadre prédéterminé. D'autres sont plus structurés : ils proposent des thèmes à explorer ou des questions à aborder. Il existe également des journaux de gratitude dans lesquels on note les éléments qui suscitent notre reconnaissance.

Il va sans dire qu'il sera essentiel de ne pas lire le journal intime d'un jeune. La recherche démontre que les bienfaits d'écrire un journal intime sont réduits lorsque la personne sait qu'il pourrait être lu par quelqu'un d'autre.

Cette pratique ne convient évidemment pas à tout le monde. Certains jeunes n'aiment pas écrire ou trouvent cela très difficile. D'autres ont énormément de difficulté à décrire ce qui se passe à l'intérieur d'eux. Dans ces situations, écrire un journal pourrait devenir une source de stress.

Les enfants ou les adolescents qui sont trop avancés dans la dépression auront de la difficulté à tenir un tel journal. Ils risquent de se trouver devant une feuille blanche et de se sentir encore plus « inadéquats » ou de se focaliser seulement sur les éléments qui ne vont pas bien dans leur vie.

Comme je l'ai mentionné auparavant, il faut garder en tête que ce qui sera bénéfique à un jeune pourrait ne pas l'être pour un autre. De même, une stratégie aidera une personne à un certain moment, mais pourrait ne plus convenir quelques semaines, mois ou années plus tard. Il est essentiel de demeurer flexible, à l'écoute du jeune, et de ne surtout pas imposer une stratégie spécifique.

Chapitre 8

DIFFÉRENTES PROBLÉMATIQUES, DIFFÉRENTES STRATÉGIES

Vous trouverez dans ce chapitre quelques conseils associés à des difficultés spécifiques chez les jeunes. Il ne s'agit pas d'une liste exhaustive des stratégies possibles, mais bien de quelques lignes directrices que je considère comme bénéfiques.

Comment aider un jeune anxieux ?

Il est souvent difficile pour les parents de savoir comment aider leur enfant anxieux, puisque l'anxiété a tendance à se propager dans une maison. Les gens autour du jeune peuvent voir leur propre anxiété réactivée, laquelle a parfois été vécue il y a longtemps, par exemple un adulte qui se rappelle comment les exposés oraux le stressaient à l'école. Dans ces situations, l'anxiété du parent se mélange avec celle de l'enfant et devient plus puissante.

Il existe de nombreuses façons pour un adulte d'aider un enfant souffrant d'anxiété. D'excellents ouvrages portent sur ce sujet spécifique. Je ne ferai donc pas un tour complet de la question ici, mais je mettrai l'accent sur certains pièges à éviter.

Un des premiers pièges est de vouloir rassurer à outrance. En effet, un jeune anxieux aura tendance à souvent demander d'être rassuré. Vous serez tenté de répondre à ce besoin de manière répétitive. Plutôt, expliquez-lui qu'il serait bénéfique pour lui d'apprendre à se rassurer lui-même graduellement et que vous le fassiez moins pour lui. S'il insiste malgré tout pour être rassuré de nouveau alors que vous avez déjà répondu à ses questions (p. ex. « Est-ce que tu penses que je vais échouer à mon examen ? »), répondez-lui, par exemple : « Essaie de te rappeler la réponse que je t'ai donnée tantôt », tout en lui répétant pourquoi il est préférable que vous ne le rassuriez pas à outrance. Vous pouvez aussi le diriger vers des stratégies pour l'aider à s'apaiser (p. ex. faire de l'exercice physique, écouter de la musique relaxante, jouer avec son animal de compagnie, etc.).

Un autre piège à éviter est d'encourager l'évitement. Les jeunes anxieux ont tendance à retirer certaines activités de leur vie, comme des sorties scolaires ou entre amis. Il est possible qu'un jeune laisse tomber certains loisirs parce que ses centres d'intérêt changent. Toutefois, ce peut être l'anxiété ou la peur de sortir de sa zone de confort qui rétrécit peu à peu son univers. Comme parent, il sera important de ne pas encourager cette voie de contournement.

Vous connaissez bien votre enfant et aurez probablement votre propre interprétation de ce qui pousse votre jeune à abandonner certains passe-temps. Si ses décisions sont basées sur la peur ou l'anxiété, vous pourrez l'accompagner en le soutenant pour affronter les situations difficiles, et non pas en l'aidant à les éviter (par exemple, en motivant l'absence de votre enfant qui est trop anxieux pour passer un examen).

Favoriser l'évitement nourrit l'anxiété, qui risque de devenir de plus en plus grande. Il s'agit toutefois d'une opération délicate, puisque trop pousser l'enfant peut l'amener à se désorganiser, à devenir agressif ou extrêmement anxieux. Pour atteindre l'équilibre, il est essentiel d'y aller progressivement, surtout lorsque l'anxiété est bien installée. Par exemple, une approche progressive consiste à réintégrer et augmenter peu à peu la longueur des sorties sociales, par exemple, au lieu de les éviter. Bien que l'on ait souvent tendance à distraire le jeune, cette distraction peut parfois être une forme d'évitement. Le recours à un professionnel peut être nécessaire pour aider à identifier conjointement, avec le jeune et les parents, les bons moyens pour diminuer l'anxiété sans toutefois contourner les situations.

Comment aider un jeune déprimé ?

Un jeune déprimé aura tendance à manquer de motivation et d'intérêt pour des activités qu'il aimait auparavant. Il sera souvent pris dans une spirale qui l'entraîne vers le bas : ses émotions (p. ex. la tristesse ou la colère) et ses pensées sombres (p. ex. «Je ne vaux rien») feront en sorte qu'il sera moins actif ou qu'il vivra plus de problèmes dans ses relations sociales ou familiales.

En retour, cette inaction et ces difficultés relationnelles amplifieront ses émotions et ses pensées maussades. Certains jeunes tenteront d'éviter de ressentir leurs émotions et choisiront de se « geler » en jouant à des jeux vidéo sans arrêt ou en consommant des substances comme de l'alcool ou des drogues.

Il est difficile pour un adulte d'atteindre un jeune déprimé, surtout si l'état de dépression est avancé. C'est un peu comme s'il portait des lunettes grises qui altéraient sa perception, sa motivation et parfois son jugement. Souvent, la teinte de gris est installée depuis plusieurs mois, voire plusieurs années, et est devenue très opaque. Pour aider le jeune, vous pourrez évidemment lui proposer de l'aide professionnelle, mais également poser d'autres actions.

Plus que jamais, le jeune aura besoin de se sentir aimé et accepté tel qu'il est. N'hésitez pas à lui répéter à quel point vous l'appréciez et vous l'aimez. Dites-lui aussi que vous vous inquiétez pour lui parce que vous le trouvez différent, plus triste ou plus irritable qu'à l'habitude. Rassurez-le en lui affirmant que vous êtes là pour lui, peu importe ce qui se passe dans sa vie et ce qui arrivera dans le futur. Cet amour inconditionnel sera une assise importante pour lui.

Si le jeune s'ouvre à vous, écoutez-le. Tout simplement. L'accueillir en l'écoutant peut être grandement bénéfique. Cela semble simple, mais c'est parfois difficile pour un parent d'entendre à quel point son enfant souffre sans tenter de l'en sortir en suggérant rapidement des solutions. Essayer de sortir le jeune trop vite de sa souffrance en lui proposant les stratégies qui vous viennent à l'esprit peut faire en sorte qu'il se sentira moins compris. Il sera porté à croire que vous minimisez sa douleur. Une dépression est une condition sérieuse qui affecte la neurophysiologie du cerveau, et ce n'est pas seulement en appliquant quelques solutions rapides que la personne ira mieux.

Parlez-lui aussi brièvement de la spirale négative dans laquelle il semble se trouver et demandez-lui s'il a l'impression que cette image illustre bien sa situation. Cette discussion aidera le jeune à comprendre un peu plus ce qui se passe et normalisera son expérience. Tentez également de savoir s'il a des idées pour empêcher la spirale de l'entraîner vers le bas.

Et pourquoi ne pas lui faire des suggestions ? Par exemple, aimerait-il que vous le preniez dans vos bras ou, au contraire, préférerait-il que vous lui laissiez du temps seul ? Souhaite-t-il que vous l'encouragiez ? Que vous l'aidiez à faire certaines activités ? Certains jeunes auront tendance à régresser lorsqu'ils sont déprimés, le fait d'être accompagnés les aidera à réaliser certaines activités qu'ils faisaient de façon plus autonome par le passé. Par exemple, certains jeunes vont accepter d'aller marcher, de cuisiner ou de pratiquer un sport avec leurs parents.

Comment accompagner un jeune suicidaire ?

Si le jeune vous apparaît en grande détresse et que vous êtes inquiet pour sa sécurité, n'hésitez pas à lui demander s'il a des idées suicidaires ou s'il pense à s'enlever la vie. Mettez en contexte votre question en expliquant pourquoi vous la posez. Par exemple : « J'ai remarqué que tu faisais des commentaires à propos de la mort et que tu étais plus réservé qu'à l'habitude, est-ce que tu songes à t'enlever la vie ? »

Le fait de demander à un jeune s'il pense au suicide ne l'encouragera pas à poser le geste ultime. Au contraire, il se sentira vu et compris. Cela lui permettra également de ne pas garder tout le poids de ses lourdes pensées sur ses épaules.

Si le jeune vous répond qu'il pense au suicide et qu'il songe à le faire imminemment, il sera important de l'accompagner à l'hôpital ou d'appeler les services d'urgence. S'il a des idées suicidaires, mais qu'il ne planifie pas s'enlever la vie, restez vigilant et cherchez de l'aide professionnelle. Vous pouvez également contacter des lignes d'appel qui se spécialisent en prévention du suicide. Assurez-vous que l'environnement est sécurisé et que l'accès aux moyens est limité (p. ex. en gardant les médicaments sous clé).

Tentez de ne pas juger le jeune, mais plutôt de vous mettre à sa place et de lui dire que vous êtes là pour lui. Vous pouvez aussi lui donner de l'espoir en lui confirmant que les choses changeront et s'amélioreront sans doute. Demandez-lui s'il y a des choses auxquelles il a hâte dans le futur, pour faire naître l'espoir que sa situation change.

Comment aider un jeune qui a une faible estime de soi ?

L'estime de soi peut s'améliorer, et ce, même pendant l'adolescence.

Comme adulte, vous pouvez dire à l'enfant que vous remarquez ses forces dans tel ou tel domaine. Soyez spécifique dans vos commentaires ou dans le type de rétroaction donnée. Par exemple, dites à votre enfant que vous le trouvez doué pour raconter des histoires ou pour faire des passes précises au football, qu'il a été gentil avec son ami lorsqu'il avait de la peine, etc. Pour que votre commentaire ait un impact réel, vous devez croire sincèrement ce que vous dites. Votre intégrité sera appréciée du jeune.

Comme tout le monde, votre enfant a des faiblesses et vous pouvez l'aider à les accepter en les normalisant. Par exemple : « Effectivement, les mathématiques sont difficiles pour toi, mais tu as travaillé fort, c'est ce qui est important. Tu as plusieurs autres forces, par exemple tu es bon en écriture et en dessin. »

N'hésitez pas également à mettre l'accent sur les efforts plutôt que sur les résultats. Par exemple, même si votre enfant a obtenu une note inférieure à la moyenne de sa classe, mais que vous savez qu'il a bien étudié, félicitez-le pour les efforts qu'il a faits (« Tu as bien étudié pour cet examen, bravo pour tous tes efforts ! »). Le jeune pourra ensuite déterminer par lui-même son degré de satisfaction envers sa note, au lieu de sentir qu'il doit se défendre face à des commentaires négatifs (« Tu aurais pu faire mieux » ou « Tes notes doivent être plus élevées si tu veux être accepté dans tel ou tel programme »).

Aider le jeune à développer son autonomie et lui donner certaines responsabilités adaptées à son âge (p. ex. des tâches ménagères) l'aidera également à développer une bonne estime de soi ou à l'améliorer.

Comment aider un jeune qui vit un deuil ?

Chaque jeune vit le deuil à sa façon et le temps est un élément clé qui estompera son intensité. Cela dit, comme adulte, vous pouvez l'aider dans ce processus de différentes façons.

- Faites-lui savoir que vous comprenez qu'il vit une grande perte et qu'il est normal de ressentir de la tristesse, du stress, de la colère, ou toute autre émotion que vous percevez chez lui. Expliquez-lui qu'il est aussi normal d'avoir besoin de temps pour réaliser que la perte est bel et bien réelle.
- Encouragez-le à vivre ses émotions, par exemple en lui disant que c'est correct de pleurer ou d'exprimer sa colère (évidemment, d'une façon qui ne blesse pas les autres). Vivre les émotions liées au deuil favorise l'adaptation.
- Proposez-lui de s'entourer. Certains jeunes en deuil auront tendance à s'isoler, mais cela leur nuit souvent. Les activités sociales ou sportives, elles, aident à vivre des moments plaisants et à se distraire.
- Dites-lui que le fait de rire et de s'amuser est normal, malgré la peine qu'il vit. Si jamais vous remarquez que le jeune semble se sentir coupable de vivre des émotions positives, alors qu'il est en deuil, répétez-lui que ces comportements sont tout à fait sains. Les émotions sont comme des vagues : elles sont en mouvement, elles partent et reviennent. Expliquez au jeune que ce n'est pas parce qu'il rit qu'il a oublié le décès récent de son grand-père, par exemple. Dites-lui que ce dernier serait sûrement content de le voir rire.

- Aidez-le à prendre soin de lui, par exemple, en lui suggérant de faire des activités qu'il aime ou en préparant avec lui un plat qu'il apprécie particulièrement. Demandez-lui ce qu'il aimerait faire pour se sentir mieux et proposez-lui des idées s'il n'en a pas.
- Suggérez-lui de faire quelque chose pour souligner la perte qu'il vit. Quelques exemples : confectionner une carte pour un parent malade ou participer aux arrangements funéraires dans le cas du décès d'un proche. Même les jeunes enfants peuvent contribuer à leur façon à ce processus (p. ex. en aidant à choisir des photos ou des pièces de musique).
- Tentez de ne pas juger l'intensité du deuil ni sa durée. Écoutez le jeune pour mieux comprendre ce qu'il vit, ce qui l'aidera grandement à traverser cette période difficile. Respecter son rythme l'empêchera de subir, plus tard, les conséquences d'un deuil qui n'aurait pas été vécu pleinement.

Comment aider un jeune qui s'automutile ?

Les jeunes utilisent souvent l'automutilation pour composer avec ce qu'ils vivent. C'est le moyen qu'ils ont trouvé pour soulager leur stress, leur souffrance, ou pour sortir de leur état d'insensibilité et enfin ressentir quelque chose. Bien évidemment, ce comportement n'est pas souhaitable et entraîne des risques pour la santé, comme des infections. Toutefois, il faut comprendre qu'il n'est pas facile pour une personne qui s'automutile d'arrêter. Des raisons sérieuses et complexes expliquent ces gestes, et ce n'est pas simplement en disant au jeune d'arrêter ou en lui enlevant les outils qu'il utilise pour se blesser qu'il cessera, bien au contraire. Il pourrait se sentir incompris, seul et perdre confiance en vous, et finir par trouver d'autres moyens encore moins sécuritaires pour s'automutiler.

La psychothérapie est généralement recommandée pour aider un jeune à diminuer les comportements d'automutilation. Elle lui permet de mieux comprendre son vécu affectif et les raisons qui le poussent à se blesser volontairement. Ce travail offre également la possibilité de composer avec les émotions d'une façon plus saine, de trouver des façons de les exprimer sans se faire mal et d'être plus en mesure de solliciter le soutien d'autrui.

En attendant que le jeune amorce une psychothérapie, ou même en parallèle de celle-ci, voici des stratégies qui l'aideront dans son cheminement.

- Faites preuve de patience. Comprenez que l'arrêt des comportements automutilatoires peut prendre du temps.
- Ne mettez pas l'accent sur le fait que le jeune doive cesser immédiatement de s'automutiler. Même si c'est ce que nous souhaitons tous, forcer un jeune à arrêter peut empirer son état. Laissez-lui du temps pour apprendre d'autres façons plus saines de composer avec ses émotions ; ensuite, il pourra mettre fin à ces comportements.
- Intéressez-vous aux émotions que ressent le jeune sans toutefois insister pour qu'il partage ce qu'il vit s'il ne veut pas le faire. Lorsqu'il s'ouvre à vous, écoutez-le sans exprimer de colère, même si vous trouvez cela difficile de constater qu'il se blesse volontairement.
- Demandez au jeune comment vous pouvez l'aider. Rappelez-lui que vous êtes disponible pour l'écouter et pour faire des activités, ou suggérez-lui certaines idées pour favoriser l'apaisement ou la distraction (p. ex. faire de la relaxation, prendre un bain, écouter de la musique douce, sortir de la maison pour bouger ou se divertir, prendre un bonbon au goût suret ou sucer un glaçon pour ressentir quelque chose).
- Exprimez votre appréciation ou vos émotions positives face au jeune. Par exemple, dites-lui que vous adorez parler ou faire des activités avec lui ou que vous l'aimez.
- Il sera important de prodiguer les soins de base au jeune ou lui fournir le nécessaire afin de diminuer les risques d'infections ou de cicatrices. Au besoin, accompagnez-le chez le médecin ou à l'urgence si ses blessures l'exigent.

Accepter l'enfant tel qu'il est représente le plus beau cadeau que vous puissiez lui faire. Même s'il est difficile émotionnellement de voir ses blessures, le fait qu'il accepte de vous les montrer est une grande marque de confiance. Beaucoup de jeunes cacheront leurs marques d'automutilation, et ce n'est pas nécessairement parce qu'ils ne vous font pas confiance. C'est souvent la honte, parfois très forte, qui les pousse à adopter ce comportement.

Comment aider un jeune qui souffre d'anorexie ?

Une première étape pour soutenir un jeune qui souffre d'anorexie est de comprendre cette maladie ainsi que l'ampleur de son emprise. Le jeune sait qu'il doit manger pour vivre, mais l'anxiété qu'il ressent à l'idée d'absorber des calories et de prendre du poids est absolument intolérable. La majorité de son espace mental est occupée par des pensées en lien avec la nourriture ou son apparence : comment il pourrait compenser ce qu'il a mangé, le fait qu'il est trop gros, même si sa minceur est déstabilisante pour un œil externe. L'anorexie peut le pousser à agir contre ses valeurs, en mentant par exemple.

En vous informant au sujet de ce trouble de santé mentale, vous pourrez mieux soutenir votre enfant. Dites-lui que vous comprenez qu'il soit difficile de poser des actions pour s'en sortir, mais que vous êtes là pour l'aider.

Lui faire prendre conscience de son trouble alimentaire est souvent une étape ardue. Encouragez votre jeune à accepter du soutien professionnel.

Les équipes interprofessionnelles spécialisées en troubles alimentaires aideront à établir des recommandations précises en fonction de la situation de votre enfant. Elles recommanderont souvent d'encadrer l'heure des repas. Cela peut être très exigeant sur le plan émotif et devenir source de conflits, mais ce sera nécessaire pour éviter une dégradation de la santé du jeune et une hospitalisation. N'hésitez pas à demander de l'aide pour vous-même afin de traverser cette épreuve.

Est-ce le rôle du parent de « sauver » son enfant ?

Le rôle de parent englobe plusieurs dimensions, par exemple répondre aux divers besoins de son enfant comme le nourrir, lui fournir un endroit sécuritaire pour vivre, offrir un encadrement, du soutien émotionnel, un amour inconditionnel, des occasions pour se développer et pour apprendre, etc. Votre enfant pourra partager avec vous ce qu'il vit, ce qu'il pense et vous le soutiendrez dans la mesure du possible. Vous n'avez toutefois pas à effacer les émotions difficiles qu'il vit ou à le « sauver » de sa souffrance ou des impacts de ses erreurs de jugement.

Votre rôle n'est pas d'être l'ami de votre enfant non plus. Oui, vous pouvez vous amuser et faire des activités plaisantes avec lui, c'est même fortement recommandé. Mais tout en étant empathique et bienveillant, restez un guide structurant, qui établit des règles claires. Par exemple, si votre enfant vous fait des confidences et, par le fait même, vous raconte une situation dangereuse dans laquelle il est impliqué, ou s'il vous dit qu'il a commis un acte illégal, vous devrez lui signifier qu'il s'agit d'un fait grave et qu'il faut agir en conséquence. Il ne serait pas judicieux de s'abstenir d'intervenir, par peur que votre enfant vous aime moins ou qu'il cesse de se confier à vous.

Chapitre 9

DIRE ADIEU AU POSITIVISME TOXIQUE

La colère, la honte, la jalousie, la culpabilité et la tristesse sont-elles des émotions que vous acceptez facilement ? Avez-vous tendance à penser qu'on doit les chasser rapidement ? Qu'elles sont nuisibles ? Il s'agit d'émotions souvent difficiles à tolérer lorsque nous les vivons nous-mêmes, et encore plus lorsqu'un enfant ou un adolescent qu'on aime les vit. De plus, elles ont mauvaise presse dans nos sociétés, alors que les publicités et les médias nous bombardent d'images de « bonheur » préfabriqué et constant.

Afin de tenter de modifier la façon dont plusieurs les perçoivent et de mieux les accueillir, j'ai pensé consacrer ce dernier chapitre aux émotions considérées par plusieurs comme « négatives ». Le sont-elles vraiment ?

Bien qu'elles soient pénibles à vivre, elles s'avèrent essentielles à plusieurs égards afin de préserver un équilibre psychologique. J'espère que ce chapitre vous permettra d'accueillir plus sereinement les émotions plus difficiles et celles des enfants vous entourant. Un peu comme on accepte mieux les pissenlits en sachant qu'ils contribuent à la survie des abeilles qui, elles, nous donnent le miel.

Des lunettes roses

Plusieurs jeunes se sentent obligés de porter des lunettes roses, c'est-à-dire de toujours avoir l'air d'aller bien ou d'être positifs. Ils en viennent à arborer un masque bien épais pour ne pas montrer leurs émotions et leurs vrais états d'âme. Cela contribue-t-il à augmenter leur détresse ? Mon expérience clinique me porte à penser que oui. Par exemple, de nombreux jeunes me disent qu'ils se sentent mal de pleurer ou qu'ils ne devraient pas le faire. Pourtant, il s'agit d'un comportement sain et constructif. Certains jeunes s'excusent même de pleurer dans mon bureau.

Parfois, c'est malheureusement leur entourage, sans le vouloir, qui leur propose de mettre des lunettes roses. Ce peut être des parents ou des proches qui leur disent de voir le bon côté des choses ou que cela ne sert à rien de s'apitoyer sur leur sort. D'autres suggèrent tout de suite des solutions, sans écouter la détresse et les émotions de leur jeune. Indirectement, ces adultes envoient le message qu'il est mieux de ne pas s'attarder au vécu affectif. Certains parents appliquent eux-mêmes ce mécanisme, affirmant qu'ils vont bien tout en dissimulant leurs vraies émotions à leurs enfants et aux autres. Par modelage, les enfants apprennent à agir de cette façon également, puisque c'est ce qui leur est présenté.

Par ailleurs, les jeunes peuvent avoir des relations distinctes avec différentes émotions. Par exemple, certains acceptent bien la tristesse, mais veulent à tout prix étouffer la colère ou la honte. D'autres sont mal à l'aise avec toutes les émotions. En effet, des jeunes m'affirment qu'ils tentent de ne pas ressentir d'émotions déplaisantes ou inconfortables. Je leur dis que c'est acceptable pour le moment, puisqu'ils font cela pour se protéger, mais qu'il est souvent utile de vivre les émotions difficiles, car elles leur envoient des informations importantes pouvant les aider à agir ou à prendre des décisions (p. ex. mettre fin à une relation amoureuse dans laquelle ils ne sont pas bien, changer de programme scolaire).

J'ai d'ailleurs, dans mon bureau, une affiche qui présente diverses émotions et expressions faciales associées afin de familiariser les jeunes avec les émotions. Il est possible de faire la même chose à la maison. Par exemple, de telles affiches sur votre réfrigérateur peuvent être utiles pour les petits, mais aussi les plus grands. Ce peut être des illustrations simples qui ne comprennent que quelques émotions, puis, plus tard, d'autres plus garnies qui pourront même guider les adultes.

Le glacier

Dans mon travail avec les jeunes, j'utilise souvent une image qui illustre les effets de nier ou de mettre de côté les émotions ressenties. Je leur explique que sur le plan émotif, nous sommes un peu comme un glacier. Nous voyons clairement la pointe qui sort de l'eau, mais la section la plus importante se trouve sous l'eau. Pour arriver à fonctionner et à faire ce que nous avons à faire (p. ex. nous concentrer pour accomplir diverses tâches, pratiquer un sport, écouter en classe), nous prenons seulement conscience de ce qui est au-dessus de la surface de l'eau. Toutefois, la partie sous l'eau est essentielle et mérite qu'on lui prête attention de temps en temps. Elle englobe notre univers émotif, notamment nos peurs, nos angoisses, nos expériences marquantes et traumatisantes passées. Elle peut même contenir, bien au fond, des traumatismes vécus par nos parents ou d'autres générations qui, sans qu'on le sache vraiment, ont un impact sur nous.

Si nous avons comme réflexe d'enfouir nos émotions dans la partie du fond, sans les reconnaître ou les vivre, celle-ci grandit sans qu'on puisse comprendre ce qu'elle contient. Nier ce qu'il y a sous l'eau conduira la personne à présenter notamment les manifestations suivantes : des attaques de panique, de l'insomnie, des problèmes somatiques comme des maux de tête, des maux de ventre sans explication médicale ou même des maladies auto-immunes, des symptômes dépressifs, des crises de colère ou des gestes violents. Ces personnes ont tendance à dire qu'elles ne se sentent pas tristes, anxieuses ou stressées. Et c'est souvent le cas : elles ont l'habitude d'ignorer la partie sous l'eau. Par conséquent, si elles n'arrivent plus à dormir, elles diront qu'elles ne comprennent pas pourquoi. Si elles ont mal à la tête ou au dos, elles chercheront à tout prix une cause médicale, même si plusieurs professionnels leur affirment que le stress semble jouer un rôle central dans leur douleur.

Il est important de rester en contact avec notre humanité et nos émotions. Cela nous aide à conserver notre équilibre psychologique ainsi que notre santé, et à favoriser notre résilience. Jetons souvent un œil à ce qui se passe sous la surface de l'eau. Le nier peut faire en sorte que ce qui s'y trouve nous affectera inconsciemment. La partie de nous qui est ignorée finit toujours par nous rattraper, d'une façon ou d'une autre. Être trop absorbés par ce qu'il y a sous l'eau n'est pas non plus souhaitable, puisque cela peut nous empêcher d'avancer et de nous concentrer sur le moment présent. C'est une question de dosage et d'équilibre.

Pour les jeunes qui ont peine à regarder sous l'eau, la psychothérapie leur permettra de le faire sur une base régulière, afin de découvrir qui ils sont vraiment et d'y rester davantage connectés. Mais une telle démarche ne se fait pas facilement. Il existe des raisons, souvent sérieuses, qui expliquent pourquoi un jeune ne regarde plus sous l'eau.

Il faut souvent s'attarder à certains enjeux plus en surface (p. ex. difficultés de sommeil, gestion du stress) avant que le jeune ne se sente apte à mettre la tête sous l'eau. Pour certains, il s'agit d'une aventure périlleuse qui se compare à faire de la plongée sous-marine sans avoir reçu de formation. Certaines personnes peuvent se sentir bouleversées par ce qu'elles découvrent (p. ex. leur enfance n'a pas été aussi heureuse qu'elles le pensaient) et peuvent même vivre une recrudescence de leurs symptômes (p. ex. tristesse ou problèmes de sommeil) avant d'aller mieux. Pour ces personnes, un suivi en psychothérapie sera crucial et pourra évidemment durer plusieurs mois ou même plusieurs années.

Envahi par les émotions

À l'autre bout du continuum, on trouve des jeunes qui, au lieu d'enfouir leurs émotions bien loin, les vivent très intensément et les affichent sans retenue. Ils les expriment parfois sans nuance ni contrôle. Ce débordement est souvent difficile pour les membres de l'entourage, qui se sentent envahis par les émotions du jeune. On le sait, l'adolescence est une période où les événements sont vécus intensément, en partie à cause du développement incomplet des lobes préfrontaux du cerveau, comme je l'ai mentionné au chapitre 1.

Dans certaines situations, le travail sur soi en psychothérapie permettra au jeune de mieux tolérer la détresse et de se sentir plus apaisé, malgré les aléas de la vie. Si nous reprenons l'analogie du glacier, ce processus l'aidera à ne pas être trop influencé par ce qui se passe sous l'eau en acceptant les expériences passées, en revenant davantage dans l'ici et maintenant et en apprenant à être moins sur la défensive avec les autres.

Est-ce que toutes les émotions ont leur utilité ?

Toutes les émotions sont légitimes, normales et utiles. C'est ce qu'on en fait qui est parfois problématique. Par exemple, ressentir de la colère est tout à fait adapté dans une situation où un jeune est traité injustement. Ce sentiment lui donne le courage de mentionner l'injustice qu'il perçoit. Toutefois, si le jeune insulte ou frappe quelqu'un en raison de sa colère, il devra évidemment apprendre à mieux contrôler ses réactions. Ainsi, ce n'est pas la colère en soi qui est problématique, mais bien les difficultés d'autorégulation et les comportements qui suivent l'émotion.

Les émotions sont importantes ; elles ont au moins trois grandes fonctions essentielles.

1. Elles nous aident à **comprendre que quelque chose ne va pas**. Elles nous permettent de réaliser qu'une situation nous dérange et qu'elle doit changer. Par exemple, rester fâché le lendemain d'une discussion avec un ami nous indique que certains éléments de cette interaction nous ont dérangé, peut-être plus que nous l'aurions cru initialement.

2. Elles nous **poussent à agir**. En effet, leur persistance ou leur intensité nous encouragent à poser un geste. Par exemple, un sentiment d'injustice qui persiste le lendemain d'une discussion avec un de ses parents peut inciter un jeune à expliquer à l'adulte pourquoi il a

l'impression d'avoir été traité injustement. Cette discussion peut faire évoluer la situation problématique ou, du moins, donner au jeune le sentiment d'avoir agi pour qu'elle change. Il vivra probablement moins d'impuissance.

Un autre exemple : de la colère et de la tristesse liées à un manque de respect, surtout vécues à répétition dans une relation amoureuse, font réaliser au jeune que cette relation n'est pas la bonne pour lui. Cette prise de conscience l'aidera à constater qu'il a des valeurs trop différentes de l'autre personne et que la relation ne fonctionnera probablement pas. Les émotions qu'il ressent l'inciteront à parler avec son ou sa partenaire et peut-être à mettre fin à cette dynamique dans laquelle il n'est pas bien.

3. Elles nous permettent de **communiquer** avec les gens autour de nous. Par exemple, le fait de pleurer fait comprendre aux autres que nous sommes tristes, alors qu'en faisant la moue, nous leur communiquons notre contrariété. Ils peuvent ensuite soit nous offrir du soutien, soit s'expliquer, soit réagir d'une autre façon, mais ils sauront que nous sommes tristes ou contrariés. Reprenons l'exemple de la relation amoureuse : si la personne qui se sent triste et en colère n'ose pas en parler, il demeure probable que l'autre partenaire du couple remarque qu'elle ne va pas bien ou qu'elle n'agit pas comme d'habitude. Cela risque de susciter une discussion.

Les émotions sont comme des signaux d'alarme qui nous informent de ce qui se passe à l'intérieur de nous, sous la surface de l'eau. Comme elles sont souvent associées à des signes visibles (p. ex. larmes, froncement de sourcils, rougeurs, changement dans le ton de la voix, moue, mâchoire serrée, tremblements), elles permettent d'alerter les autres ou nous-mêmes. De plus, elles servent de moteur pour nous mettre en action.

Chaque émotion envoie un message distinct

Les émotions sont provoquées par diverses situations ou pensées. Chacune d'entre elles nous informe d'un besoin à satisfaire. En voici quelques-unes et leurs principales fonctions.

La peur

La peur est ressentie lorsque nous percevons une menace ou un danger (p. ex. un feu). Elle communique notre besoin d'être protégés, rassurés et de nous mettre en sécurité. Elle nous permet de survivre : nous évitons les dangers et réagissons mieux aux menaces. Lorsqu'un jeune éprouve souvent des peurs liées à des dangers imaginaires (p. ex. une peur bleue d'échouer à ses examens, alors qu'il réussit bien à l'école, ou l'anticipation d'un problème de santé grave aux moindres inconforts), il est fort probable qu'il souffre d'anxiété.

La colère

La colère est ressentie lorsque nous percevons une injustice, un obstacle, une incompréhension, une impuissance ou lorsque nos limites (p. ex. valeurs, règles) sont franchies.

Elle exprime le besoin d'obtenir une réparation comme des excuses, de la reconnaissance, du respect, de la justice, de l'écoute ou un changement. La colère nous aide à nous défendre. Elle nous donne également de l'énergie pour surmonter les obstacles. En revanche, la colère qui part en vrille peut conduire à des agressions ou à des bris.

Derrière la colère se cachent souvent d'autres émotions comme la tristesse, la déception, la jalousie, la honte ou la peur. Ainsi, plus le jeune sera à l'aise d'exprimer diverses émotions, moins il aura tendance à utiliser la colère. Il s'en portera mieux et son entourage aussi. La colère qui semble quasi permanente est souvent le signe que quelque chose ne va pas. Ce signal, qui n'est pas à négliger, est parfois lié à une dépression, à de l'anxiété ou à une situation d'abus.

La tristesse

La tristesse est souvent déclenchée par une perte. Par exemple, le jeune a perdu une personne, un avantage ou quelque chose d'important pour lui.

Le besoin sous-jacent de la tristesse est de chercher du réconfort, de l'amour, de prendre soin de soi, de faire son deuil ou de rebondir.

La tristesse aide le jeune à obtenir de l'attention, à être réconforté et à ralentir.

Prenez un instant pour vous demander comment vous réagissez lorsque votre enfant ou un jeune dont vous avez la responsabilité pleure. Êtes-vous à l'aise ou voulez-vous plutôt qu'il cesse de pleurer ? Certains adultes disent ou font comprendre aux jeunes que leur réaction est exagérée. Ce type de comportement reflète souvent le malaise de l'adulte face à l'émotion exprimée. Le jeune apprend alors qu'il n'est pas approprié ou acceptable d'exprimer la tristesse. Pourtant, pleurer peut grandement aider à prendre conscience d'une perte et, par la suite, à l'accepter.

La joie

Les jeunes se sentent joyeux lorsqu'ils vivent une réussite, de la plénitude ou du plaisir. La joie exprime le besoin de célébrer, de s'amuser et de partager avec les autres. Elle encourage à revivre l'expérience ou la situation qui a provoqué cette joie. Cette émotion peut aider les jeunes à solidifier les liens avec les gens qui sont importants pour eux.

Le dégoût

Le dégoût est déclenché par un comportement, une situation ou un objet perçu comme nuisible ou nocif.

Cette émotion indique que nous avons besoin de prendre du recul ou d'être rassurés. Par exemple, elle permet au jeune d'éviter des aliments susceptibles de le rendre malade ou des expériences qui risqueraient de lui nuire ou de le traumatiser. Elle peut avoir un impact sur le jugement moral du jeune.

L'ennui

L'ennui provient d'un manque de stimulation.

Derrière l'ennui se cache le besoin de mise en action, de changement ou de nouveauté. L'ennui encourage la créativité, la réalisation de soi et le mouvement, au sens large. Si, en tant que parent, vous acceptez que votre enfant s'ennuie, il aura souvent recours à des solutions créatives pour éliminer cette émotion.

Certains parents pensent qu'ils doivent occuper leurs enfants la majorité du temps ou charger leur horaire pour éviter qu'ils s'ennuient. Toutefois, l'ennui peut être bénéfique pour eux : ils trouveront de nouvelles idées et prendront des initiatives. Les enfants peuvent ainsi ressentir une fierté, puisqu'ils auront réussi à se sortir de l'ennui par eux-mêmes et qu'ils auront créé quelque chose (p. ex. un nouveau projet, un jeu ou un bricolage, etc.). Plusieurs jeunes seront tentés de se tourner vers les réseaux sociaux ou les écrans lorsqu'ils s'ennuient. Mettre certaines limites à cet égard les aidera à rester en contact avec leur créativité.

La culpabilité

La culpabilité se manifeste lorsque nous agissons de manière à ne pas respecter nos valeurs ou lorsque nous faisons quelque chose que nous regrettons. Elle nous amène à réfléchir sur une situation et à agir pour réparer un comportement. Par exemple, un jeune qui insulte un professeur qui tente de l'aider pourra se sentir coupable. Il se demandera ensuite pourquoi il a agi de la sorte et pourra s'excuser.

Parfois, les jeunes peuvent penser qu'ils se sentent coupables, mais il ne s'agit pas de culpabilité. Ils vont plutôt prendre les émotions des autres comme si elles leur appartenaient. Par exemple, un jeune peut rapporter se sentir coupable d'avoir refusé poliment de faire une activité avec un ami parce que ce dernier était déçu. Il ne s'agit pas de culpabilité dans cette situation ; le jeune a plutôt de la difficulté à mettre une limite entre ses émotions et celles de son ami. Il s'approprie la déception de son ami et fait comme si elle lui appartenait. Pourtant, il n'a rien fait de mal ou de blessant. Vous pouvez aider votre enfant en lui faisant réaliser qu'il a pris l'émotion d'une autre personne et qu'il s'en sent responsable, alors que cela ne lui appartient pas. Apprendre ce type de limite pourra grandement l'aider à se sentir plus serein.

La honte

Une personne ressent de la honte lorsqu'elle porte un jugement négatif sur un aspect d'elle-même. Celle-ci est souvent en lien avec une interaction sociale. Cette émotion est différente de la culpabilité. La honte concerne ce que la personne est et non pas ce qu'elle fait[1]. La honte nous permet de réaliser que nous portons un jugement, vivons de la déception ou de l'agressivité en lien avec un aspect de nous-mêmes. Ensuite, il est possible d'entreprendre un travail afin de mieux accepter cette caractéristique ou la modifier. Cela n'est pas facile et prend du temps, mais la psychothérapie peut grandement aider à y arriver.

La honte peut se manifester à différentes intensités. La honte saine amène les jeunes à intégrer les règles permettant de vivre en société et de socialiser d'une façon adéquate[2]. La honte toxique donne lieu à un sentiment d'échec ainsi qu'à une difficulté à ressentir des émotions – voire à la peur de celles-ci[3]. Elle peut être liée à un manque d'acceptation inconditionnelle de ses parents ou à des traumatismes, par exemple. Cette émotion est parfois difficile à identifier et elle peut se cacher derrière un bouclier d'estime de soi gonflée à bloc. Certaines personnes compensent leur sentiment d'être inadéquates en ayant l'air totalement en contrôle et inatteignables. Elles peuvent aussi avoir tendance à rabaisser les autres.

Accepter les émotions « négatives »

Pour ne pas proposer, même involontairement, aux jeunes de porter des lunettes roses et un masque, nous pouvons les aider à tolérer la détresse et les émotions plus difficiles. Pour cela, nous devons nous-mêmes être en mesure de le faire. On peut se dire que les émotions sont comme les nuages, qu'elles finissent par passer. Mais il faut parfois un peu de patience. Par exemple, les émotions fortes, comme la colère intense, peuvent perdurer et affecter notre jugement, notre comportement pendant plusieurs minutes, voire quelques heures. Elles s'accompagnent souvent d'une décharge d'adrénaline et de cortisol, l'hormone du stress qui affecte le cerveau. Il est alors très difficile pour nous de rester rationnels.

Le mieux sera souvent de laisser l'effet des hormones s'amoindrir, puis d'explorer ce qui a provoqué cette colère et de considérer les actions à poser. Plus le jeune comprendra ce qui est à l'origine de ses émotions, plus il sera en mesure de s'apaiser. Ne pas comprendre ce qui se passe à l'intérieur de lui ajoute des frustrations et de la confusion à une situation déjà stressante. Des jeunes ont toutefois de la difficulté ou n'arrivent tout simplement pas à identifier leurs émotions ou leurs déclencheurs.

Comme adulte, le fait d'accepter, de nommer les émotions et de les voir comme des passages nuageux montre au jeune qu'il est possible de vivre toute une gamme d'émotions. Ainsi, il comprendra que ce n'est pas parce qu'il vit de la colère qu'il est colérique ou qu'il n'est pas digne d'être aimé.

Une positivité excessive encourage un certain déni de la réalité, puisque la vie n'est pas toujours facile, loin de là. Tenter de cacher cette réalité aux jeunes n'est pas une bonne idée: ils la découvriront un jour ou l'autre, et ils auront eu moins de pratique et de temps pour l'accepter. La vie est remplie de belles choses, oui, mais aussi d'embûches, d'épreuves, de deuils, d'échecs, de situations hors de notre contrôle ou frustrantes. N'hésitez pas à accompagner les jeunes dans cette prise de conscience, ce qui leur permettra de mieux se porter et de développer des stratégies pour faire face aux situations difficiles.

Le rôle des valeurs

Les adolescents sont à une étape de leur vie où ils développent leur identité et tentent de se différencier de leur famille. Ce processus amène bien souvent des questionnements et des réflexions. Les émotions permettent au jeune de rester connecté à ses valeurs et de savoir quand celles-ci ne sont pas respectées.

Comme adulte, même si vos valeurs ne sont pas les mêmes que celles du jeune, gardez l'esprit ouvert et essayez de comprendre son point de vue sans le juger. Il sera plus à l'aise de partager avec vous ce qu'il vit.

L'impact des modèles

Les parents sont de puissants modèles pour leurs enfants. Ils peuvent leur montrer qu'ils ressentent diverses émotions et qu'ils sont en mesure d'y réagir convenablement (p. ex. se fâcher, mais ne pas insulter une personne, pleurer sans s'effondrer ni cesser complètement de fonctionner ou de répondre aux besoins de l'enfant). Les émotions exprimées gagneront à être authentiques et elles ne devraient pas viser à obtenir quelque chose du jeune (p. ex. chercher du réconfort, éveiller sa culpabilité).

Évidemment, personne n'est parfait, mais les parents qui tentent d'être des modèles adéquats (p. ex. ressentir et montrer leurs émotions, et poser les actions appropriées par la suite) ont souvent un impact positif sur leurs enfants.

Pour certains adultes, il sera difficile, voire impossible, d'agir de la sorte pour diverses raisons. Certains devront entreprendre un long travail sur eux-mêmes, mais montrer aux enfants que nous cherchons à nous améliorer et que nous reconnaissons nos erreurs reste un bel exemple à donner.

Que faire de la culpabilité parentale ?

Plusieurs parents se sentent énormément coupables lorsque leur enfant perd son équilibre psychologique, reçoit un diagnostic de trouble de santé mentale ou se fait prescrire des antidépresseurs. Ils se demanderont : « Pourquoi mon enfant ? Qu'ai-je fait ? Ai-je été suffisamment présent ? » Ces questions sont normales et souvent empreintes de culpabilité. Vous n'êtes pas le seul parent à ressentir cette émotion difficile. Certains se sentiront responsables, d'autres seuls ou honteux, ou même en colère contre eux-mêmes ou contre leur enfant.

Toutefois, les problèmes en lien avec le bien-être psychologique et la santé mentale sont complexes et multifactoriels. Les parents ne peuvent pas tout porter sur leurs épaules. Rappelons que la plupart de ces problèmes ont une origine biopsychosociale, c'est-à-dire qu'ils comprennent des éléments biologiques, tels que les aspects génétiques et endocrinologiques, psychologiques et sociaux (milieu familial, social et scolaire dans lequel évolue l'enfant, et ses expériences de vie). Donc, plusieurs éléments peuvent entraîner une perte d'équilibre psychologique chez un jeune.

De plus, puisqu'il est impossible de faire marche arrière, passer du temps à nous demander ce que nous avons pu faire pour en arriver là peut parfois nous paralyser au moment où notre enfant a plus que jamais besoin de nous.

Bien que la culpabilité soit une émotion légitime, être trop absorbés par celle-ci nous empêche d'être présents pour l'enfant. Notre manque de disponibilité peut en retour contribuer à augmenter notre culpabilité. Par exemple, au lieu d'écouter pleinement son enfant, le parent pense à ce qu'il a fait pour que son jeune soit si triste ou anxieux. La culpabilité peut aussi couper le parent du soutien qu'il pourrait recevoir des autres. En effet, au lieu de parler à un ami de ce qui se passe avec son enfant afin d'obtenir du soutien, un parent qui ressent beaucoup de culpabilité se repliera sur lui-même. Plus le parent est absorbé par ses propres émotions, moins il sera disponible pour soutenir son enfant.

Comment les jeunes réagissent-ils à la culpabilité de leurs parents ?

Comme nous l'avons vu au chapitre 5, certains jeunes ne sont pas à l'aise de confier à leurs parents comment ils se sentent puisqu'ils ont l'impression que ces derniers sont déjà trop préoccupés ou stressés. Même si les parents tentent de dissimuler comment ils se sentent, les enfants le ressentent souvent, d'où l'importance de prendre soin de son propre bien-être psychologique. Le principe du masque d'avion s'applique bien à la santé mentale : le parent met son masque d'oxygène en premier, et ensuite seulement il sera en mesure de porter assistance à son enfant.

Je remarque fréquemment de la culpabilité chez les jeunes qui ont l'impression que leur parent se sent responsable de leurs problèmes de santé mentale. Il en ressort au bout du compte beaucoup d'autoflagellation, ce qui n'aide personne.

Plusieurs jeunes se sentent obligés de porter les lunettes roses dont nous avons parlé plus tôt pour tenter de faire comme si tout allait bien, alors que rien ne va plus. La personne déprimée n'est pas nécessairement celle qu'on imagine : léthargique, qui passe sa journée dans son lit et traîne la patte. Certaines personnes peuvent être dans un état dépressif assez avancé et tout de même être fonctionnelles. En arborant un masque épais, elles cachent à leur entourage l'intensité de leur douleur.

De l'impuissance à l'acceptation d'un nouveau rôle

La culpabilité est souvent accompagnée d'impuissance. Bien sûr, les parents d'un enfant en détresse veulent que ce dernier aille mieux le plus rapidement possible. Ils aimeraient pouvoir lui enlever sa souffrance et retrouver l'enfant qui était heureux. Ils souhaiteraient même faire les efforts à la place du jeune, mais cela n'est tout simplement pas possible. Cette impuissance est douloureuse. C'est un peu comme si on voyait son enfant perdre l'équilibre au bord d'un précipice, mais qu'on était trop loin pour l'atteindre. Certains parents la décrivent comme un cauchemar éveillé.

Une partie du travail pour diminuer l'impuissance sera de réaliser pleinement que votre enfant est un être à part entière, avec sa propre personnalité, ses forces et son propre pouvoir d'agir (ou de ne pas agir). L'impuissance s'accompagne parfois de frustrations, puisque le parent a l'impression qu'il devrait pouvoir arranger les choses pour son enfant. Toutefois, les enjeux de santé mentale sont très complexes et personnels. Bien évidemment, vous pouvez améliorer votre relation avec votre enfant ou la dynamique familiale, mais une partie du travail appartient au jeune et à personne d'autre. Réaliser cela aide souvent les parents à réduire leur sentiment d'impuissance et à être plus disponibles pour leur enfant, qui se sentira ainsi plus soutenu.

Pour plusieurs parents, il s'agit d'un processus de deuil : leur enfant n'est plus celui qu'ils peuvent simplement chatouiller ou emmener au parc pour qu'il retrouve sa bonne humeur. Votre enfant change et il devient une personne distincte de la famille. Cela ne veut aucunement dire que vous ne pouvez pas l'aider. Bien au contraire. Comme nous l'avons vu ensemble tout au long de ce livre, vous disposez de plusieurs moyens pour le soutenir. Votre rôle est essentiel.

CONCLUSION

La crise de santé mentale qui touche les jeunes est un mal silencieux dont on ne comprend pas encore complètement les causes, mais qui est bel et bien réel et qui affecte de nombreux enfants et adolescents. Les solutions ne sont pas de surdiagnostiquer ni de surmédicamenter. Nous devons plutôt agir en prévention et augmenter les ressources pour être en mesure de bien évaluer ce qui se passe pour un jeune ainsi que pour sa famille, et d'offrir rapidement des soins à la hauteur de la situation, ce qui n'est pas le cas présentement.

Les enfants et les adolescents dépendent de nous. Étant donné leur âge, il est de notre devoir collectif comme adultes de les protéger et de faire notre possible pour qu'ils se développent dans les meilleures conditions possibles, celles qui leur permettront d'atteindre leur plein potentiel et de contribuer d'une manière positive à la société. Or, le poids des problèmes de santé mentale ralentit la progression vers ces objectifs pour de plus en plus d'entre eux.

Comme moi, vous vous demandez peut-être pourquoi, malgré toutes ces informations préoccupantes, la santé mentale des jeunes ne fait pas l'objet d'une attention plus poussée de la part de nos dirigeants. Pourquoi n'y a-t-il pas davantage de solutions mises en place ?

Si la santé mentale des jeunes reste dans l'angle mort des priorités gouvernementales, les problèmes la touchant ainsi que la prescription d'antidépresseurs et d'autres médicaments risquent de continuer d'augmenter. Cette tendance est largement documentée depuis plus d'une décennie, et ce, dans plusieurs pays partout dans le monde.

Ce chemin vers la médicalisation de la souffrance psychique, de plus en plus emprunté, est inquiétant. En effet, nous ne connaissons pas bien les effets potentiels sur le développement du cerveau, ni ceux à long terme de la prise d'antidépresseurs débutée en jeune âge. De plus, nous savons que d'autres solutions plus adaptées et efficaces existent, par exemple une évaluation psychologique rigoureuse suivie d'interventions appropriées, notamment la psychothérapie.

Il ne s'agit pas de montrer du doigt un coupable, mais bien de prendre conscience que chaque prescription, prise individuellement, contribue à une accumulation qui forme aujourd'hui une immense montagne. Est-ce vraiment la direction que nous voulons prendre ? Et posons-nous la question la plus importante : faisons-nous tout ce qui est en notre pouvoir pour favoriser le mieux-être psychologique de nos enfants et prévenir le développement de troubles de santé mentale ?

L'emprunt d'une voie pharmacologique de plus en plus fréquente pour répondre aux difficultés psychologiques des enfants et des adolescents peut-il avoir comme conséquence que nous ne mettions pas suffisamment de temps et d'énergie à trouver d'autres solutions plus adaptées pour favoriser leur mieux-être ? Il ne faudrait surtout pas que nous nous complaisions dans un sentiment de devoir accompli et que nous nous disions collectivement qu'on « fait quelque chose », alors qu'on pourrait faire beaucoup mieux et plus.

Dans cet ouvrage, j'ai présenté plusieurs recommandations pour les parents et les adultes directement impliqués auprès des jeunes, mais il sera aussi essentiel d'agir plus globalement. Par exemple, voici certaines solutions qui mériteraient d'être explorées.

1. Permettre un **meilleur accès à des spécialistes de la santé mentale** comme des psychologues ou des psychiatres, ainsi qu'à des équipes interprofessionnelles afin d'obtenir des traitements dignes de ce nom, dans une perspective biopsychosociale. En d'autres mots: élargir les solutions aux enjeux de santé psychologique en adoptant une perspective plus globale et moins médicale.
2. Améliorer la prévention et offrir des soins de qualité **rapidement** lorsqu'un enfant ou un adolescent présente des symptômes même légers, de manière à empêcher que la situation devienne plus complexe et incapacitante.
3. Afin d'éviter les surdiagnostics et la surmédicalisation, veiller à ce que les **évaluations initiales soient rigoureuses**. Pour y arriver, il faudra augmenter l'accès aux spécialistes de la santé mentale et leur donner du temps.
4. S'assurer de donner aux enfants et aux adolescents le traitement recommandé en première instance pour la majorité des troubles de santé mentale: la **psychothérapie**.
5. Offrir davantage de **soutien psychosocial, psychologique et pratique** (p. ex. des services de garde d'enfants, de l'aide financière) aux parents pour leur permettre d'être plus disponibles pour leurs enfants et de briser la répétition intergénérationnelle de comportements problématiques.
6. **Augmenter les budgets destinés à la santé mentale,** qui est trop souvent le parent pauvre de la santé, et mettre en place des instances gouvernementales consacrées spécifiquement à la santé mentale.
7. S'assurer que **les écoles disposent davantage de ressources intégrées dans leur milieu** (p. ex. aide à la classe, orthophoniste, travailleur social, psychologue, orthopédagogue) afin d'offrir un environnement soutenant aux jeunes ainsi qu'aux enseignants. Cela permettra de mieux répondre aux besoins des enfants en considérant leur style d'apprentissage ou leur besoin de bouger, ce qui favorisera leur fonctionnement dans ce milieu, et diminuera le décrochage.

8. Dans une vision de prévention du développement d'enjeux de santé mentale :
   - instaurer des mesures pour **diminuer l'usage des écrans** et pour rendre les réseaux sociaux plus sécuritaires et moins addictifs ;
   - **augmenter la quantité d'activités physiques** que font les jeunes, notamment en milieu scolaire, ainsi que les **jeux libres**, c'est-à-dire des moments où ils peuvent choisir ce qu'ils veulent faire ;
   - favoriser des **activités altruistes** (p. ex. organiser des activités de bénévolat à l'école), qui entraînent la sécrétion naturelle d'hormones liées à une sensation de mieux-être ;
   - informer davantage les parents sur l'importance du **sommeil** pour le bien-être psychologique et la gestion des émotions.
9. S'assurer que les parents et les jeunes soient **informés des effets secondaires et des effets de sevrage potentiels** lorsque la prescription d'une médication psychotrope est envisagée.
10. Fournir des **formations supplémentaires aux professionnels de la santé en lien avec la déprescription** d'antidépresseurs et autres médicaments psychotropes, c'est-à-dire la diminution graduelle de leur consommation jusqu'à l'arrêt complet.

Je n'effleure ici que quelques pistes de solution. Il y en a tellement à explorer collectivement pour renverser cette tendance planétaire lourde et contribuer à rétablir la santé psychologique des jeunes. Pour y arriver, il sera important d'impliquer des gens provenant de divers horizons et d'éveiller davantage la volonté politique.

Repenser le système

La responsabilité de résoudre cette montée de difficultés psychologiques ne peut être portée par un seul groupe d'individus. Nous ne pouvons pas viser spécifiquement les médecins, les parents, les jeunes eux-mêmes ou leurs enseignants, ni le système de santé, le système d'éducation ou le milieu communautaire. Il s'agit d'un problème complexe et plusieurs facteurs y contribuent. De toute façon, le but n'est pas de trouver un coupable, mais plutôt des solutions. Ces dernières prendront, à mon avis, la forme d'un plan concerté impliquant plusieurs acteurs de différents horizons et des moyens financiers. La responsabilité des solutions devra être partagée.

Ce n'est pas une mince affaire, mais cet effort collectif sera nécessaire pour renverser la vapeur. Pour y arriver et nous assurer que nos jeunes reçoivent bel et bien des traitements, il semble essentiel de mettre en place des instances gouvernementales destinées spécifiquement à la santé mentale et de les distinguer des services psychosociaux. Je m'explique : les services psychosociaux sont essentiels, mais il ne faut pas les confondre avec les évaluations et les traitements des troubles mentaux.

Les services psychosociaux offrent du soutien (p. ex. un intervenant qui accueille un jeune qui fait une attaque de panique à l'école ou qui tente d'aider un groupe d'amis à régler un conflit ; un intervenant dans un centre communautaire qui offre un soutien émotionnel au jeune et l'oriente vers les ressources appropriées), des stratégies de gestion de crise (p. ex. un jeune qui appelle une ligne d'écoute parce qu'il est suicidaire), de l'éducation psychologique (p. ex. un groupe pour informer sur un sujet et suggérer des stratégies) et de l'accompagnement (p. ex. pour mieux composer avec le stress provoqué par une situation ou encore pour trouver un emploi ou un logement). Il s'agit de services absolument cruciaux. Toutefois, si nous continuons de les confondre avec des services spécialisés en santé mentale (p. ex. diagnostiquer et traiter un trouble d'anxiété généralisée ou un trouble de stress post-traumatique), les jeunes ne seront pas en mesure d'obtenir tous les services et les soins dont ils ont besoin. Il devient donc crucial de structurer les systèmes de soins de manière à garantir l'accès aux deux types d'intervention, chacun jouant un rôle déterminant mais distinct dans la réponse à la crise actuelle.

De plus, la santé mentale est trop souvent négligée au profit de la santé physique, ce qui devra être repensé. Je n'aime pas cette dichotomie entre la santé mentale et physique, puisque toutes les deux sont autant interreliées que la farine et l'eau qui forment un pain. Malheureusement, le système les dissocie et donne beaucoup plus de ressources à la santé dite « physique ».

Plusieurs changements apparaissent essentiels pour protéger nos jeunes ainsi que pour diminuer l'incidence des problèmes de santé mentale et le recours de plus en plus fréquent à des molécules chimiques dont l'efficacité n'est souvent pas bien établie et qui ne sont pas toutes approuvées officiellement pour une utilisation chez les enfants et les adolescents.

Cessons de chercher une baguette magique

Il est tentant, mais bien souvent impossible, de trouver un remède miracle à une souffrance profonde dont les racines se sont installées depuis longtemps. Beaucoup de gens, dont certains parents, médecins et professionnels, même les mieux intentionnés, semblent parfois chercher une solution rapide pour régler les difficultés psychologiques des jeunes qui les entourent. Quoi de plus naturel, face à la souffrance d'un enfant ou d'un adolescent, que de vouloir la faire cesser rapidement ?

Cependant, cette quête de vitesse peut nuire de différentes façons. Premièrement, elle envoie au jeune le message que ses problèmes devraient se régler rapidement et qu'il n'est donc pas normal que cela prenne du temps (p. ex. présumer que s'il fait de la méditation, il devrait aller mieux, alors qu'il se sent plus anxieux lorsqu'il médite ou qu'il n'arrive pas à trouver la motivation pour en faire). Parfois, certaines instances gouvernementales imposent des restrictions arbitraires concernant le nombre de séances autorisées avec un psychologue ou un autre professionnel. Dans ces circonstances, le jeune peut sentir qu'on lui met de la pression et qu'on ne respecte pas son rythme, ou même qu'on ne voit pas l'ampleur de sa souffrance. Il ne se sentira pas validé ni compris, ce qui risque d'amplifier son mal de vivre.

Deuxièmement, cette recherche de vitesse tend à envoyer le message qu'il est préférable de balayer sous le tapis les enjeux profonds et émotionnels vécus par le jeune. Cela peut l'encourager à devenir de plus en plus déconnecté de lui-même, de qui il est vraiment, de ce qu'il ressent et de ce qu'il a vécu, ce qui est susceptible d'augmenter sa détresse et son isolement et de contribuer à l'apparition de problèmes de santé[1].

Ce désir de trouver la baguette magique provient peut-être également du fait que de plus en plus de choses vont vite dans notre société. Par exemple, en quelques clics, on peut acheter des biens, écouter le film qu'on veut, joindre plein de gens partout dans le monde via les réseaux sociaux ou par courriel. Cependant, la santé mentale ne répond pas bien à la vitesse. Bien au contraire, la pression de performance et de rapidité fait souvent partie des éléments à l'origine de la souffrance des jeunes.

Le mot vitesse rime avec stress, et ce n'est pas pour rien, les deux viennent souvent ensemble. Le stress rallonge souvent le retour à un état d'équilibre psychologique chez un jeune qui l'a perdu. Si vous vous sentez attiré par cette recherche de vitesse quand vous pensez à alléger la souffrance de votre enfant, sachez d'abord que plusieurs parents sont comme vous. Tout en vous disant que vous faites de votre mieux, demandez-vous si vous tentez ainsi de répondre à vos besoins ou à ceux de votre enfant. Êtes-vous en mesure de tolérer sa souffrance psychologique tout en restant à ses côtés? Être là pour votre enfant implique malheureusement de souffrir par ricochet ou, du moins, de vivre un inconfort.

Chacun a sa propre tolérance à la détresse. Bien que cela ne soit pas agréable, accepter la détresse de son enfant est un mal pour un bien. Certains se demandent probablement à quoi sert cet inconfort mutuel. Il y a de nombreux avantages à prendre le temps de comprendre et de tolérer la souffrance psychologique, plutôt que de passer immédiatement en mode solution ou en mode «lunettes roses». En voici quelques-uns:

1. Le jeune se sentira plus accepté et compris tel qu'il est, ce qui peut alléger une partie de sa souffrance.

2. Le poids de sa détresse ou de ses inquiétudes sera partagé et il se sentira moins seul.
3. Le sentiment de honte qu'il vit fort probablement risque d'être diminué par le simple fait de nommer ses émotions et d'expliquer ce qu'il vit, tout en étant accueilli.

Bref, écouter l'enfant et valider ses émotions en posant des questions et en tentant de ne pas porter de jugement lui fera un grand bien.

Votre rôle comme adulte significatif dans la vie d'un enfant ou d'un adolescent qui présente des difficultés psychologiques est crucial, ne l'oubliez pas. Mais cette responsabilité n'est pas que la vôtre : elle est trop grande pour un parent. Espérons que les diverses instances décisionnelles arrivent en renfort pour honorer le droit des enfants à la santé.

RÉFÉRENCES

Avant-propos

1. Fournier, M.-P. (2024, 20 juillet). Attention : humains fragiles. *La Presse*. https://www.lapresse.ca/actualites/chroniques/2024-07-20/attention-humains-fragiles.php
2. Dion-Viens, D. (2022, 7 février). L'usage d'antidépresseurs en forte hausse chez les jeunes. *Journal de Montréal*. https://www.journaldequebec.com/2022/02/07/lusage-dantidepresseurs-en-forte-hausse-chez-les-jeunes
3. Dion-Viens, D. (2022, 7 février). L'usage d'antidépresseurs en forte hausse chez les jeunes. *Journal de Montréal*. https://www.journaldequebec.com/2022/02/07/lusage-dantidepresseurs-en-forte-hausse-chez-les-jeunes
4. Le Haut Conseil de la famille, de l'enfance et de l'âge. (2023). *Quand les enfants vont mal : Comment les aider ?* https://www.hcfea.fr/IMG/pdf/hcfea_sme_rapport_13032023.pdf
5. Olfson, M., Crystal, S., Huang, C. et Gerhard, T. (2010). Trends in antipsychotic drug use by very young, privately insured children. *Journal of the American Academy of Child and Adolescent Psychiatry, 49*(1), 13-23. https://doi.org/10.1097/00004583-201001000-00005
6. IQVIA. (2024). *Prévalence et traitements des troubles de santé mentale*. https://www.iqvia.com
7. Olfson, M., Blanco, C., Liu, S. M., Wang, S. et Correll, C. U. (2012). National trends in the office-based treatment of children, adolescents, and adults with antipsychotics. *Archives of General Psychiatry, 69*(12), 1247-1256. https://doi.org/10.1001/archgenpsychiatry.2012.647
8. Valtuille, Z., Acquaviva, E., Trebossen, V., Ouldali, N., Bourmaud, A., Sclison, S., Gomez, A., Revet, A., Peyre, H., Delorme, R. et Kaguelidou, F. (2025). Prescription Trends of Medications Used to Treat Sleep Disturbances in School-Aged Children : An Interrupted Time-Series Analysis in France, 2016-2023. *The Journal of Pediatrics, 280*, 114502. https://doi.org/10.1016/j.jpeds.2025.114502
9. Le Haut Conseil de la famille, de l'enfance et de l'âge. (2023). *Quand les enfants vont mal : Comment les aider ?* https://www.hcfea.fr/IMG/pdf/hcfea_sme_rapport_13032023.pdf

10. Le Haut Conseil de la famille, de l'enfance et de l'âge. (2023). *Quand les enfants vont mal : Comment les aider ?* https://www.hcfea.fr/IMG/pdf/hcfea_sme_rapport_13032023.pdf

Chapitre 1

1. Organisation mondiale de la Santé. (2024). *Santé mentale des jeunes.* https://www.who.int/fr/news-room/fact-sheets/detail/adolescent-mental-health
2. Agency for Healthcare Research and Quality (2022, octobre). *National Healthcare Quality and Disparities Report.* Rockville (MD) : Rapport nº 22(23)-0030.
3. Sacco, R., Camilleri, N., Eberhardt, J., Umla-Runge, K. et Newbury-Birch, D. (2024). A systematic review and meta-analysis on the prevalence of mental disorders among children and adolescents in Europe. *European Child & Adolescent Psychiatry, 33*(9), 2877-2894. https://doi.org/10.1007/s00787-022-02131-2
4. Stephenson, E. (2023). *Insights on Canadian Society : Mental disorders and access to mental health care.* Statistics Canada, nº 75-006-X. https://www150.statcan.gc.ca/n1/pub/75-006-x/2023001/article/00011-eng.htm
5. Caspi, A., Houts, R. M., Ambler, A., Danese, A., Elliott, M. L., Hariri, A., Harrington, H., Hogan, S., Poulton, R., Ramrakha, S., Rasmussen, L. J. H., Reuben, A., Richmond-Rakerd, L., Sugden, K., Wertz, J., Williams, B. S. et Moffitt, T. E. (2020). Longitudinal Assessment of Mental Health Disorders and Comorbidities Across 4 Decades Among Participants in the Dunedin Birth Cohort Study. *JAMA Network Open, 3*(4), e203221. https://doi.org/10.1001/jamanetworkopen.2020.3221
6. Schaefer, J. D., Caspi, A., Belsky, D. W., Harrington, H., Houts, R., Horwood, L. J., Hussong, A., Ramrakha, S., Poulton, R. et Moffitt, T. E. (2017). Enduring mental health : Prevalence and prediction. *Journal of Abnormal Psychology, 126*(2), 212-224. https://doi.org/10.1037/abn0000232
7. Geoffroy, M.-C. et Gouin, J.-P. (2022, 21 janvier). Santé mentale des jeunes, un coup de pouce dans une période charnière. *La Presse.* https://www.lapresse.ca/debats/opinions/2022-01-21/sante-mentale-des-jeunes/un-coup-de-pouce-dans-une-periode-charniere.php
8. Geoffroy, M.-C. et Gouin, J.-P. (2022, 21 janvier). Santé mentale des jeunes, un coup de pouce dans une période charnière. *La Presse.* https://www.lapresse.ca/debats/opinions/2022-01-21/sante-mentale-des-jeunes/un-coup-de-pouce-dans-une-periode-charniere.php
9. van Eeden, A. E., van Hoeken, D., Hendriksen, J. M. T. et Hoek, H. W. (2023). Increase in incidence of anorexia nervosa among 10- to 14-year-old girls : A nationwide study in the Netherlands over four decades. *The International Journal of Eating Disorders, 56*(12), 2295-2303. https://doi.org/10.1002/eat.24064
10. Institut national de santé publique du Québec (2025). *Les comportements suicidaires au Québec : Portrait 2025.* https://www.inspq.qc.ca/sites/default/files/publications/3611-comportements- suicidaires-quebec-portrait-2025.
11. Généreux, M., Bergeron, J., Bourassa, L., Brisson Sylvestre, M.-P., Fafard, A.-C. et Melançon, M.-E. (2023). *Enquête sur la santé psychologique des 12-25 ans.* https://reussirestrie.ca/wp-content/uploads/2023/05/RAPPORT_mai_2023_vf.pdf
12. Gore, F. M., Bloem, P. J., Patton, G. C., Ferguson, J., Joseph, V., Coffey, C., Sawyer, S. M. et Mathers, C. D. (2011). Global burden of disease in young people aged 10-24 years : a systematic analysis. *Lancet (London, England), 377*(9783), 2093-2102. https://doi.org/10.1016/S0140-6736(11)60512-6

13. Brady, E. U. et Kendall, P. C. (1992). Comorbidity of anxiety and depression in children and adolescents. *Psychological Bulletin, 111*(2), 244-255. https://doi.org/10.1037/0033-2909.111.2.244
14. Compton, W. M., Thomas, Y. F., Stinson, F. S. et Grant, B. F. (2007). Prevalence, correlates, disability, and comorbidity of DSM-IV drug abuse and dependence in the United States: results from the national epidemiologic survey on alcohol and related conditions. *Archives of General Psychiatry, 64*(5), 566-576. https://doi.org/10.1001/archpsyc.64.5.566
15. Merikangas, K. R., Ames, M., Cui, L., Stang, P. E., Ustun, T. B., Von Korff, M. et Kessler, R. C. (2007). The impact of comorbidity of mental and physical conditions on role disability in the US adult household population. *Archives of General Psychiatry, 64*(10), 1180-1188. https://doi.org/10.1001/archpsyc.64.10.1180
16. Boden, J. M., Fergusson, D. M. et Horwood, L. J. (2007). Anxiety disorders and suicidal behaviours in adolescence and young adulthood: findings from a longitudinal study. *Psychological Medicine, 37*(3), 431-440. https://doi.org/10.1017/S0033291706009147
17. Hughes, A. A., Lourea-Waddell, B. et Kendall, P. C. (2008). Somatic complaints in children with anxiety disorders and their unique prediction of poorer academic performance. *Child Psychiatry and Human Development, 39*(2), 211-220. https://doi.org/10.1007/s10578-007-0082-5
18. Kusche, C. A., Cook, E. T. et Greenberg, M. T. (1993). Neuropsychological and cognitive functioning in children with anxiety, externalizing, and comorbid psychopathology. *Journal of Clinical Child Psychology, 22*(2), 172-195. https://doi.org/10.1207/s15374424jccp2202_5
19. Bitsko, R. H., Claussen, A. H., Lichstein, J., Black, L. I., Jones, S. E., Danielson, M. L., Hoenig, J. M., Davis Jack, S. P., Brody, D. J., Gyawali, S., Maenner, M. J., Warner, M., Holland, K. M., Perou, R., Crosby, A. E., Blumberg, S. J., Avenevoli, S., Kaminski, J. W., Ghandour, R. M. et Contributor (2022). Mental Health Surveillance Among Children – United States, 2013-2019. *MMWR Supplements, 71*(2), 1-42. https://doi.org/10.15585/mmwr.su7102a1
20. Institut national de la statistique du Québec (2024). *La santé des jeunes du secondaire en 2022-2023.*
21. Institut national de la statistique du Québec (2024). *La santé des jeunes du secondaire en 2022-2023.*
22. Gore, F. M., Bloem, P. J., Patton, G. C., Ferguson, J., Joseph, V., Coffey, C., Sawyer, S. M. et Mathers, C. D. (2011). Global burden of disease in young people aged 10-24 years: a systematic analysis. *Lancet (London, England), 377*(9783), 2093-2102. https://doi.org/10.1016/S0140-6736(11)60512-6
23. Organisation mondiale de la Santé. (2017). *« La dépression : parlons-en » déclare l'OMS, alors que cette affection arrive en tête des causes de morbidité.* https://www.who.int/fr/news/item/30-03-2017--depression-let-s-talk-says-who-as-depression-tops-list-of-causes-of-ill-health
24. Statistique Canada. (2023). *Les principales causes de décès, population totale, selon le groupe d'âge.* https://www150.statcan.gc.ca/t1/tbl1/fr/tv.action?pid=1310039401&pickMembers%5B0%5D=2.22&pickMembers%5B1%5D=3.1&cubeTimeFrame.startYear=2018&cubeTimeFrame.endYear=2022&referencePeriods=20180101%2C20220101
25. Birmaher, B., Arbelaez, C. et Brent, D. (2002). Course and outcome of child and adolescent major depressive disorder. *Child and Adolescent Psychiatric Clinics of North America, 11*(3), 619-637. https://doi.org/10.1016/s1056-4993(02)00011-1

26. Weissman, M. M., Wolk, S., Goldstein, R. B., Moreau, D., Adams, P., Greenwald, S., Klier, C. M., Ryan, N. D., Dahl, R. E. et Wickramaratne, P. (1999). Depressed adolescents grown up. *JAMA, 281*(18), 1707-1713. https://doi.org/10.1001/jama.281.18.1707
27. Weissman, M. M., Wolk, S., Goldstein, R. B., Moreau, D., Adams, P., Greenwald, S., Klier, C. M., Ryan, N. D., Dahl, R. E. et Wickramaratne, P. (1999). Depressed adolescents grown up. *JAMA, 281*(18), 1707-1713. https://doi.org/10.1001/jama.281.18.1707
28. Bardone, A. M., Moffitt, T. E., Caspi, A., Dickson, N., Stanton, W. R. et Silva, P. A. (1998). Adult physical health outcomes of adolescent girls with conduct disorder, depression, and anxiety. *Journal of the American Academy of Child and Adolescent Psychiatry, 37*(6), 594-601. https://doi.org/10.1097/00004583-199806000-00009
29. Fergusson, D. M., Boden, J. M. et Horwood, L. J. (2007). Recurrence of major depression in adolescence and early adulthood, and later mental health, educational and economic outcomes. *The British Journal of Psychiatry, 191*, 335-342. https://doi.org/10.1192/bjp.bp.107.036079
30. Fergusson, D. M., Boden, J. M. et Horwood, L. J. (2007). Recurrence of major depression in adolescence and early adulthood, and later mental health, educational and economic outcomes. *The British Journal of Psychiatry, 191*, 335-342. https://doi.org/10.1192/bjp.bp.107.036079
31. Egan, M., Daly, M., & Delaney, L. (2016). Adolescent psychological distress, unemployment, and the Great Recession : Evidence from the National Longitudinal Study of Youth 1997. *Social Science & Medicine (1982), 156*, 98-105. https://doi.org/10.1016/j.socscimed.2016.03.013
32. Institut national de la statistique du Québec. (2024). *La santé des jeunes du secondaire en 2022-2023.*
33. Bitsko, R. H., Claussen, A. H., Lichstein, J., Black, L. I., Jones, S. E., Danielson, M. L., Hoenig, J. M., Davis Jack, S. P., Brody, D. J., Gyawali, S., Maenner, M. J., Warner, M., Holland, K. M., Perou, R., Crosby, A. E., Blumberg, S. J., Avenevoli, S., Kaminski, J. W., Ghandour, R. M. et Contributor (2022). Mental Health Surveillance Among Children – United States, 2013-2019. *MMWR Supplements, 71*(2), 1-42. https://doi.org/10.15585/mmwr.su7102a1
34. American Psychiatric Association. (2023). *DSM-5-TR : Manuel diagnostique et statistique des troubles mentaux*, 5e édition, révision du texte. Elsevier Masson.
35. Sawyer, S. M., Whitelaw, M., Le Grange, D., Yeo, M. et Hughes, E. K. (2016). Physical and psychological morbidity in adolescents with atypical anorexia nervosa. *Pediatrics, 137*(4), e20154080. https://doi.org/10.1542/peds.2015-4080
36. Sawyer, S. M., Whitelaw, M., Le Grange, D., Yeo, M. et Hughes, E. K. (2016). Physical and psychological morbidity in adolescents with atypical anorexia nervosa. *Pediatrics, 137*(4), e20154080. https://doi.org/10.1542/peds.2015-4080
37. Trilliant Health. (2023). *Trends shaping the health economy : Value for money.* https://www.trillianthealth.com/behavioral-health-trends-shaping-the-health-economy.
38. Fondation pour la recherche médicale. (2024). *Tout savoir les troubles de conduite alimentaire.* https://www.frm.org/fr/maladies/recherches-maladies-neurologiques/troubles-des-conduites-alimentaires/focus-troubles-conduite-alimentaires
39. Institut national de la statistique du Québec. (2024). *La santé des jeunes du secondaire en 2022-2023.*
40. Beaupuy, S. (2024, 5 février). Explosion des demandes d'aide pour soigner les troubles alimentaires. *Le Quotidien.* https://www.latribune.ca/actualites/sante/2024/02/05/explosion-des-demandes-daide-pour-soigner-les-troubles-alimentaires-CPJNHHMLSBHYRICYAI53LVZNM4/

41. López-Gil, J. F., García-Hermoso, A., Smith, L., Firth, J., Trott, M., Mesas, A. E., Jiménez-López, E., Gutiérrez-Espinoza, H., Tárraga-López, P. J. et Victoria-Montesinos, D. (2023). Global proportion of disordered eating in children and adolescents : A systematic review and meta-analysis. *JAMA Pediatrics, 177*(4), 363-372. https://doi.org/10.1001/jamapediatrics.2022.5848
42. Gillies, D., Christou, M. A., Dixon, A. C., Featherston, O. J., Rapti, I., Garcia-Anguita, A., Villasis-Keever, M., Reebye, P., Christou, E., Al Kabir, N. et Christou, P. A. (2018). Prevalence and characteristics of self-harm in adolescents : Meta-analyses of community-based studies 1990-2015. *Journal of the American Academy of Child and Adolescent Psychiatry, 57*(10), 733-741. https://doi.org/10.1016/j.jaac.2018.06.018
43. Luo, D., Tan, L., Huang, X., Lai, M., Shi, H., Li, J., Chen, X., Xu, J. et Guo, W. (2024). Functions of nonsuicidal self-injury and repeated nonsuicidal self-injury among adolescents : A moderating role of addictive features. *Journal of Psychiatric Research, 175*, 251-258. https://doi.org/10.1016/j.jpsychires.2024.04.049
44. Luo, D., Tan, L., Huang, X., Lai, M., Shi, H., Li, J., Chen, X., Xu, J. et Guo, W. (2024). Functions of nonsuicidal self-injury and repeated nonsuicidal self-injury among adolescents : A moderating role of addictive features. *Journal of Psychiatric Research, 175*, 251-258. https://doi.org/10.1016/j.jpsychires.2024.04.049
45. Gillies, D., Christou, M. A., Dixon, A. C., Featherston, O. J., Rapti, I., Garcia-Anguita, A., Villasis-Keever, M., Reebye, P., Christou, E., Al Kabir, N. et Christou, P. A. (2018). Prevalence and characteristics of self-harm in adolescents : Meta-analyses of community-based studies 1990-2015. *Journal of the American Academy of Child and Adolescent Psychiatry, 57*(10), 733-741. https://doi.org/10.1016/j.jaac.2018.06.018
46. Lim, K. S., Wong, C. H., McIntyre, R. S., Wang, J., Zhang, Z., Tran, B. X., Tan, W., Ho, C. S. et Ho, R. C. (2019). Global lifetime and 12-Month prevalence of suicidal behavior, deliberate self-harm and non-suicidal self-injury in children and adolescents between 1989 and 2018 : A meta-analysis. *International Journal of Environmental Research and Public Health, 16*(22), 4581. https://doi.org/10.3390/ijerph16224581
47. Luo, D., Tan, L., Huang, X., Lai, M., Shi, H., Li, J., Chen, X., Xu, J. et Guo, W. (2024). Functions of nonsuicidal self-injury and repeated nonsuicidal self-injury among adolescents : A moderating role of addictive features. *Journal of Psychiatric Research, 175*, 251-258. https://doi.org/10.1016/j.jpsychires.2024.04.049
48. Zetterqvist, M., Jonsson, L. S., Landberg, Å. et Svedin, C. G. (2021). A potential increase in adolescent nonsuicidal self-injury during covid-19 : A comparison of data from three different time points during 2011 - 2021. *Psychiatry Research, 305*, 114208. https://doi.org/10.1016/j.psychres.2021.114208
49. Institut national de santé publique du Québec. (2025). *Les comportements suicidaires au Québec : Portrait 2025.* https://www.inspq.qc.ca/sites/default/files/publications/3611-comportements-suicidaires-quebec-portrait-2025
50. Institut national de santé publique du Québec. (2025). *Les comportements suicidaires au Québec : Portrait 2025.* https://www.inspq.qc.ca/sites/default/files/publications/3611-comportements-suicidaires-quebec-portrait-2025
51. Statista Research Department. (2021, 25 août). *Suicidal attempts among French women by age 2017.* https://www.statista.com/statistics/965378/suicidal-attempt-women-france/#statisticContainer
52. Institut national de santé publique du Québec. (2024). *Les comportements suicidaires au Québec : Portrait 2024.* https://www.inspq.qc.ca/publications/3451

53. Ghandour, R. M., Sherman, L. J., Vladutiu, C. J., Ali, M. M., Lynch, S. E., Bitsko, R. H. et Blumberg, S. J. (2019). Prevalence and treatment of depression, anxiety, and conduct problems in U.S. children. *The Journal of Pediatrics, 206*, 256-267.e3. https://doi.org/10.1016/j.jpeds.2018.09.021
54. Sawyer, S. M., Whitelaw, M., Le Grange, D., Yeo, M. et Hughes, E. K. (2016). Physical and psychological morbidity in adolescents with Atypical Anorexia Nervosa. *Pediatrics, 137*(4), e20154080. https://doi.org/10.1542/peds.2015-4080
55. American Psychiatric Association. (2023). *DSM-5-TR : Manuel diagnostique et statistique des troubles mentaux*, 5e édition, révision du texte. Elsevier Masson.
56. Westmoreland, P., Duffy, A., Rienecke, R., Le Grange, D., Joiner, T., Manwaring, J., Watters, A. et Mehler, P. (2022). RETRACTED ARTICLE : Causes of death in patients with a history of severe anorexia nervosa. *Journal of Eating Disorders, 10*(1), 200. https://doi.org/10.1186/s40337-022-00716-5
57. Steinhausen H. C. (2002). The outcome of anorexia nervosa in the 20th century. *The American Journal of Psychiatry, 159*(8), 1284-1293. https://doi.org/10.1176/appi.ajp.159.8.1284
58. Franko, D. L., Keshaviah, A., Eddy, K. T., Krishna, M., Davis, M. C., Keel, P. K. et Herzog, D. B. (2013). A longitudinal investigation of mortality in anorexia nervosa and bulimia nervosa. *The American Journal of Psychiatry, 170*(8), 917-925. https://doi.org/10.1176/appi.ajp.2013.12070868
59. Canadian Cancer Society. (2021). *Canadian Cancer Statistics 2021.* https://cancer.ca/en/research/cancer-statistics/past-editions
60. Collège des médecins. (2022). *Sondage du Collège des médecins du Québec.* http://www.cmq.org/page/fr/sondage-cmq.avril-2022.aspx
61. Santé Mentale.fr : Le mensuel des équipes soignantes en psychiatrie. (2022). *La santé mentale représente 14 % des dépenses de santé.* Données de l'Assurance Maladie. https://www.santementale.fr/2022/07/la-sante-mentale-represente-14-des-depenses-de-sante/
62. Soni, A. (2009). *Statistical brief #242 : The five most costly children's conditions, 2006 : Estimates for the U.S. civilian noninstitutionalized children, Ages 0-17.* Agency for Healthcare Research and Quality. https://www.meps.ahrq.gov/data_files/publications/st242/stat242.shtml
63. Kim-Cohen, J., Caspi, A., Moffitt, T. E., Harrington, H., Milne, B. J. et Poulton, R. (2003). Prior juvenile diagnoses in adults with mental disorder : developmental follow-back of a prospective-longitudinal cohort. *Archives of General Psychiatry, 60*(7), 709-717. https://doi.org/10.1001/archpsyc.60.7.709
64. Kessler, R. C., Berglund, P., Demler, O., Jin, R., Merikangas, K. R. et Walters, E. E. (2005). Lifetime prevalence and age-of-onset distributions of DSM-IV disorders in the National Comorbidity Survey Replication. *Archives of General Psychiatry, 62*(6), 593-602. https://doi.org/10.1001/archpsyc.62.6.593
65. Organisation mondiale de la Santé. (2022). *Troubles mentaux.* https://www.who.int/fr/news-room/fact-sheets/detail/mental-disorders.
66. Hiscock, H., Mulraney, M., Efron, D., Freed, G., Coghill, D., Sciberras, E., Warren, H. et Sawyer, M. (2020b). Use and predictors of health services among Australian children with mental health problems : A national prospective study. *Australian Journal of Psychology, 72*(1), 31-40. https://doi.org/10.1111/ajpy.12256
67. Organisation mondiale de la Santé. (2022). *Troubles mentaux.* https://www.who.int/fr/news-room/fact-sheets/detail/mental-disorders.
68. Bussières McNicoll, F. (2023, 5 décembre). « Une génération d'élèves hypothéquée » par le manque de psychologues à l'école. *Radio-Canada.* https://ici.radio-canada.ca/nouvelle/2032243/baisse-psychologues-ratio-eleves-sante-mentale

69. David, H., Granger, L. et Colleret, M. (2023). *Santé mentale : des formations qui répondent aux besoins de la population*. Rapport du Groupe de travail sur l'optimisation de la formation en psychologie et en santé mentale. https://divers.lpcdn.ca/redact/lapresse/actualites/Rapport_final_20230531.pdf
70. Goldstein, E. V., Prater, L. C. et Wickizer, T. M. (2022). Preventing adolescent and young adult suicide : do states with greater mental health treatment capacity have lower suicide rates ? *Journal of Adolescent Health*, *70*(1), 83-90. https://doi.org/10.1016/j.jadohealth.2021.06.020

Chapitre 2

1. Fournier, M.-E. (2024, 20 juillet). Attention : humains fragiles. *La Presse*. https://www.lapresse.ca/actualites/chroniques/2024-07-20/attention-humains-fragiles.php
2. Lo, H. K. Y., Tong, C. C. H. Y., Chan, J. K. N., Kam, C. T. K., Wong, C. S. M., Cheng, C. P. W., Ho, C., Leung, B. M. H., Wong, W. S. H., Yu, Z. H. S. et Chang, W. C. (2024). Temporal trends of antidepressant utilization patterns in children and adolescents in Hong Kong : A 14-year population-based study with joinpoint regression analysis. *Journal of Affective Disorders*, *344*, 61-68. https://doi.org/10.1016/j.jad.2023.10.055
3. Le Haut Conseil de la famille, de l'enfance et de l'âge. (2023). *Quand les enfants vont mal : Comment les aider ?* https://www.hcfea.fr/IMG/pdf/hcfea_sme_rapport_13032023.pdf
4. Valtuille, Z., Acquaviva, E., Trebossen, V., Ouldali, N., Bourmaud, A., Sclison, S., Gomez, A., Revet, A., Peyre, H., Delorme, R. et Kaguelidou, F. (2024). Psychotropic medication prescribing for children and adolescents after the onset of the COVID-19 pandemic. *JAMA Network Open*, 7(4), e247965. https://doi.org/10.1001/jamanetworkopen.2024.7965
5. Bachmann, C. J., Aagaard, L., Burcu, M., Glaeske, G., Kalverdijk, L. J., Petersen, I., Schuiling-Veninga, C. C., Wijlaars, L., Zito, J. M. et Hoffmann, F. (2016). Trends and patterns of antidepressant use in children and adolescents from five western countries, 2005-2012. *European Neuropsychopharmacology*, *26*(3), 411-419. https://doi.org/10.1016/j.euroneuro.2016.02.001
6. Bachmann, C. J., Aagaard, L., Burcu, M., Glaeske, G., Kalverdijk, L. J., Petersen, I., Schuiling-Veninga, C. C., Wijlaars, L., Zito, J. M. et Hoffmann, F. (2016). Trends and patterns of antidepressant use in children and adolescents from five western countries, 2005-2012. *European Neuropsychopharmacology*, *26*(3), 411-419. https://doi.org/10.1016/j.euroneuro.2016.02.001
7. Rasmussen, L., Jensen, P. B., Reutfors, J., Furu, K., Skurtveit, S., Selmer, R., Damkier, P., Bliddal, M. et Wesselhoeft, R. (2025). Treatment patterns of antidepressants in children and adolescents in Scandinavia. *European Child & Adolescent Psychiatry*, *34*(1), 159-167. https://doi.org/10.1007/s00787-024-02433-7
8. Rasmussen, L., Jensen, P. B., Reutfors, J., Furu, K., Skurtveit, S., Selmer, R., Damkier, P., Bliddal, M. et Wesselhoeft, R. (2025). Treatment patterns of antidepressants in children and adolescents in Scandinavia. *European Child & Adolescent Psychiatry*, *34*(1), 159-167. https://doi.org/10.1007/s00787-024-02433-7
9. Institut national de la statistique du Québec. (2024). *La santé des jeunes du secondaire en 2022-2023*.
10. Valtuille, Z., Acquaviva, E., Trebossen, V., Ouldali, N., Bourmaud, A., Sclison, S., Gomez, A., Revet, A., Peyre, H., Delorme, R. et Kaguelidou, F. (2025). Prescription trends of medications used to treat sleep disturbances in school-aged children : An interrupted time-series analysis in France, 2016-2023. *The Journal of Pediatrics*, *280*, 114502. https://doi.org/10.1016/j.jpeds.2025.114502

11. Le Haut Conseil de la famille, de l'enfance et de l'âge. (2023). *Quand les enfants vont mal : Comment les aider ?* https://www.hcfea.fr/IMG/pdf/hcfea_sme_rapport_13032023.pdf
12. Le Haut Conseil de la famille, de l'enfance et de l'âge. (2023). *Quand les enfants vont mal : Comment les aider ?* https://www.hcfea.fr/IMG/pdf/hcfea_sme_rapport_13032023.pdf
13. Barnett, E. R., Trepman, A. Z., Fuson, H. A., Acquilano, S. C., McLaren, J. L., Woloshin, S. et Leyenaar, J. K. (2020). Deprescribing psychotropic medications in children : results of a national qualitative study. *BMJ Quality & Safety*, *29*(8), 655-663. https://doi.org/10.1136/bmjqs-2019-010033
14. Raman, S. R., Man, K. K. C., Bahmanyar, S., Berard, A., Bilder, S., Boukhris, T., Bushnell, G., Crystal, S., Furu, K., KaoYang, Y. H., Karlstad, Ø., Kieler, H., Kubota, K., Lai, E. C., Martikainen, J. E., Maura, G., Moore, N., Montero, D., Nakamura, H., Neumann, A., … Wong, I. C. K. (2018). Trends in attention-deficit hyperactivity disorder medication use : a retrospective observational study using population-based databases. *The Lancet Psychiatry*, *5*(10), 824-835. https://doi.org/10.1016/S2215-0366(18)30293-1
15. Institut national de la statistique du Québec. (2024). *La santé des jeunes du secondaire en 2022-2023.*
16. IQVIA. (2024, novembre). *Tendances de l'utilisation des médicaments pour le traitement du Trouble du déficit de l'attention avec ou sans hyperactivité au Canada, 2019-2022.* https://www.iqvia.com/fr-ca/locations/canada/library/publications/trends-in-the-use-of-medications-for-the-treatment
17. Haeck, C., Lefebvre, G., Lefebvre, P. et Merrigan, P. (avril 2023). *Surdiagnostic du TDAH au Québec : impact de l'âge d'entrée à l'école, différences régionales et coûts sociaux et économiques.* https://cirano.qc.ca/files/publications/2023RP-08.pdf
18. Evans, W. N., Morrill, M. S. et Parente, S. T. (2010). Measuring inappropriate medical diagnosis and treatment in survey data : The case of ADHD among school-age children. *Journal of Health Economics*, *29*(5), 657-673. https://doi.org/10.1016/j.jhealeco.2010.07.005
19. Institut national de la statistique du Québec. (2024). *La santé des jeunes du secondaire en 2022-2023.*
20. Currie, J., Kurdyak, P. et Zhang, J. (2024). Socioeconomic status and access to mental health care : The case of psychiatric medications for children in Ontario Canada. *Journal of Health Economics*, *93*, 1-28. https://doi.org/10.1016/j.jhealeco.2023.102841
21. Zito, J. M., Zhu, Y. et Safer, D. J. (2021). Psychotropic Polypharmacy in the US Pediatric Population : A Methodologic Critique and Commentary. *Frontiers in Psychiatry*, *12*, 644741. https://doi.org/10.3389/fpsyt.2021.644741
22. Barnett, E. R., Trepman, A. Z., Fuson, H. A., Acquilano, S. C., McLaren, J. L., Woloshin, S. et Leyenaar, J. K. (2020). Deprescribing psychotropic medications in children : results of a national qualitative study. *BMJ Quality & Safety*, *29*(8), 655-663. https://doi.org/10.1136/bmjqs-2019-010033
23. McLennan, J. D. (2019). Deprescribing in a Youth with an Intellectual Disability, Autism, Behavioural Problems, and Medication-Related Obesity : A Case Study. *Journal of the Canadian Academy of Child and Adolescent Psychiatry*, *28*(3), 141-146.
24. Perry, B., Walsh, K. H., Plawecki, M. H., Fodstad, J. C., Blake, H. S., Hunt, A., Ott, C., Rowlison, R., McConnell, W. R., Kleimola, K. et Hulvershorn, L. A. (2019). Change in psychotropic prescribing patterns among youths in foster care associated with a peer-to-peer physician consultation program. *Journal of the American Academy of Child and Adolescent Psychiatry*, *58*(12), 1218-1222.e1. https://doi.org/10.1016/j.jaac.2019.06.014

25. Barnett, E. R., Trepman, A. Z., Fuson, H. A., Acquilano, S. C., McLaren, J. L., Woloshin, S. et Leyenaar, J. K. (2020). Deprescribing psychotropic medications in children : results of a national qualitative study. *BMJ Quality & Safety*, *29*(8), 655-663. https://doi.org/10.1136/bmjqs-2019-010033
26. Tuppin, P., Pergeline, J., Lesuffleur, T., Rey, S., Fresson, J., Rachas, A. & Debeugny, G. (2024, janvier). *Pathologies et désavantage social des moins de 18 ans en France métropolitaine, en 2018, à partir des données du SNDS*. Bulletin épidémiologique hebdomadaire.
27. Strawn, J. R., Mills, J. A., Poweleit, E. A., Ramsey, L. B. et Croarkin, P. E. (2023). Adverse effects of antidepressant medications and their management in children and adolescents. *Pharmacotherapy*, *43*(7), 675-690. https://doi.org/10.1002/phar.2767.
28. Türkmen, C., Machunze, N., Lee, A. M., Bougelet, E., Ludin, N. M., de Cates, A. N., Vollstädt-Klein, S., Bach, P., Kiefer, F., Burdzovic Andreas, J., Kamphuis, J., Schoevers, R. A., Emslie, G. J., Hetrick, S. E., Viechtbauer, W. et van Dalfsen, J. H. (2025). Systematic review and meta-analysis : The association between newer-generation antidepressants and insomnia in children and adolescents with major depressive disorder. *Journal of the American Academy of Child & Adolescent Psychiatry*. https://doi.org/10.1016/j.jaac.2025.01.006
29. Mills, J. A. et Strawn, J. R. (2020). Antidepressant tolerability in pediatric anxiety and obsessive-compulsive disorders : a Bayesian hierarchical modeling meta-analysis. *Journal of the American Academy of Child and Adolescent Psychiatry*, *59*(11), 1240-1251. https://doi.org/10.1016/j.jaac.2019.10.013
30. Mosholder, A. D. et Willy, M. (2006). Suicidal adverse events in pediatric randomized, controlled clinical trials of antidepressant drugs are associated with active drug treatment : a meta-analysis. *Journal of Child and Adolescent Psychopharmacology*, *16*(1-2), 25-32. https://doi.org/10.1089/cap.2006.16.25
31. Li, K., Zhou, G., Xiao, Y., Gu, J., Chen, Q., Xie, S. et Wu, J. (2022). Risk of suicidal behaviors and antidepressant exposure among children and adolescents : A meta-analysis of observational studies. *Frontiers in Psychiatry*, *13*, 880496. https://doi.org/10.3389/fpsyt.2022.880496
32. Hammad, T. A., Laughren, T. et Racoosin, J. (2006). Suicidality in pediatric patients treated with antidepressant drugs. *Archives of General Psychiatry*, *63*(3), 332-339. https://doi.org/10.1001/archpsyc.63.3.332
33. Reinblatt, S. P., DosReis, S., Walkup, J. T. et Riddle, M. A. (2009). Activation adverse events induced by the selective serotonin reuptake inhibitor fluvoxamine in children and adolescents. *Journal of Child and Adolescent Psychopharmacology*, *19*(2), 119-126. https://doi.org/10.1089/cap.2008.040
34. Strawn, J. R., Mills, J. A., Poweleit, E. A., Ramsey, L. B. et Croarkin, P. E. (2023). Adverse effects of antidepressant medications and their management in children and adolescents. *Pharmacotherapy*, *43*(7), 675-690. https://doi.org/10.1002/phar.2767
35. Deumic Shultz, E., Mills, J. A., Ellingrod, V. L., Bishop, J. R. et Calarge, C. A. (2021). Sexual functioning in adolescents with major depressive disorder : A prospective study. *The Journal of Clinical Psychiatry*, *82*(6), 21m13892. https://doi.org/10.4088/JCP.21m13892
36. Calarge, C. A., Mills, J. A., Janz, K. F., Burns, T. L., Coryell, W. H. et Zemel, B. S. (2017). Body composition in adolescents during treatment with selective serotonin reuptake inhibitors. *Pediatrics*, *140*(1), e20163943. https://doi.org/10.1542/peds.2016-3943
37. Mills, J. A. et Strawn, J. R. (2020). Antidepressant tolerability in pediatric anxiety and obsessive-compulsive disorders : a Bayesian hierarchical modeling meta-analysis. *Journal of the American Academy of Child and Adolescent Psychiatry*, *59*(11), 1240-1251. https://doi.org/10.1016/j.jaac.2019.10.013

38. Strawn, J. R., Mills, J. A., Poweleit, E. A., Ramsey, L. B. et Croarkin, P. E. (2023). Adverse effects of antidepressant medications and their management in children and adolescents. *Pharmacotherapy, 43*(7), 675-690. https://doi.org/10.1002/phar.2767
39. Mosholder, A. D. et Willy, M. (2006). Suicidal adverse events in pediatric randomized, controlled clinical trials of antidepressant drugs are associated with active drug treatment : a meta-analysis. *Journal of Child and Adolescent Psychopharmacology, 16*(1-2), 25-32. https://doi.org/10.1089/cap.2006.16.25
40. Hammad, T. A., Laughren, T. et Racoosin, J. (2006). Suicidality in pediatric patients treated with antidepressant drugs. *Archives of General Psychiatry, 63*(3), 332-339. https://doi.org/10.1001/archpsyc.63.3.332
41. Li, K., Zhou, G., Xiao, Y., Gu, J., Chen, Q., Xie, S. et Wu, J. (2022). Risk of suicidal behaviors and antidepressant exposure among children and adolescents : A meta-analysis of observational studies. *Frontiers in Psychiatry, 13*, 880496. https://doi.org/10.3389/fpsyt.2022.880496
42. Gibbons, R. D., Brown, C. H., Hur, K., Marcus, S. M., Bhaumik, D. K., Erkens, J. A., Herings, R. M. et Mann, J. J. (2007). Early evidence on the effects of regulators' suicidality warnings on SSRI prescriptions and suicide in children and adolescents. *The American Journal of Psychiatry, 164*(9), 1356-1363. https://doi.org/10.1176/appi.ajp.2007.07030454
43. Lu, C. Y., Zhang, F., Lakoma, M. D., Madden, J. M., Rusinak, D., Penfold, R. B., Simon, G., Ahmedani, B. K., Clarke, G., Hunkeler, E. M., Waitzfelder, B., Owen-Smith, A., Raebel, M. A., Rossom, R., Coleman, K. J., Copeland, L. A. et Soumerai, S. B. (2014). Changes in antidepressant use by young people and suicidal behavior after FDA warnings and media coverage : quasi-experimental study. *British Medical Journal, 348*, g3596. https://doi.org/10.1136/bmj.g3596
44. Spielmans, G. I., Spence-Sing, T. et Parry, P. (2020). Duty to warn : Antidepressant black box suicidality warning is empirically justified. *Frontiers in Psychiatry, 11*, 18. https://doi.org/10.3389/fpsyt.2020.00018
45. Rynn, M. A., Walkup, J. T., Compton, S. N., Sakolsky, D. J., Sherrill, J. T., Shen, S., Kendall, P. C., McCracken, J., Albano, A. M., Piacentini, J., Riddle, M. A., Keeton, C., Waslick, B., Chrisman, A., Iyengar, S., March, J. S. et Birmaher, B. (2015). Child/Adolescent anxiety multimodal study : evaluating safety. *Journal of the American Academy of Child and Adolescent Psychiatry, 54*(3), 180-190. https://doi.org/10.1016/j.jaac.2014.12.015
46. Hughes, S., Cohen, D. et Jaggi, R. (2014). Differences in reporting serious adverse events in industry sponsored clinical trial registries and journal articles on antidepressant and antipsychotic drugs : a cross-sectional study. *BMJ Open, 4*(7), e005535. https://doi.org/10.1136/bmjopen-2014-005535
47. Hughes, S., Cohen, D. et Jaggi, R. (2014). Differences in reporting serious adverse events in industry sponsored clinical trial registries and journal articles on antidepressant and antipsychotic drugs : a cross-sectional study. *BMJ Open, 4*(7), e005535. https://doi.org/10.1136/bmjopen-2014-005535
48. Moreland, C. et Bonin, L. (2024). Pediatric unipolar depression and pharmacotherapy : Choosing a medication. *UptoDate*. https://www.uptodate.com/contents/pediatric-unipolar-depression-and-pharmacotherapy-choosing-a-medication
49. Stutzman D. L. (2021). Long-term use of antidepressants, mood stabilizers, and antipsychotics in pediatric patients with a focus on appropriate deprescribing. *The Mental Health Clinician, 11*(6), 320-333. https://doi.org/10.9740/mhc.2021.11.320
50. Stutzman D. L. (2021). Long-term use of antidepressants, mood stabilizers, and antipsychotics in pediatric patients with a focus on appropriate deprescribing. *The Mental Health Clinician, 11*(6), 320-333. https://doi.org/10.9740/mhc.2021.11.320

51. Burcu, M., Zito, J. M., Safer, D. J., Magder, L. S., dosReis, S., Shaya, F. T. et Rosenthal, G. L. (2017). Association of antidepressant medications with incident type 2 diabetes among Medicaid-insured youths. *JAMA Pediatrics, 171*(12), 1200-1207. https://doi.org/10.1001/jamapediatrics.2017.2896
52. Sun, J. W., Hernández-Díaz, S., Haneuse, S., Bourgeois, F. T., Vine, S. M., Olfson, M., Bateman, B. T. et Huybrechts, K. F. (2021). Association of selective serotonin reuptake inhibitors with the risk of type 2 diabetes in children and adolescents. *JAMA Psychiatry, 78*(1), 91-100. https://doi.org/10.1001/jamapsychiatry.2020.2762
53. Misra, M., Le Clair, M., Mendes, N., Miller, K. K., Lawson, E., Meenaghan, E., Weigel, T., Ebrahimi, S., Herzog, D. B. et Klibanski, A. (2010). Use of SSRIs may impact bone density in adolescent and young women with anorexia nervosa. *CNS Spectrums, 15*(9), 579-586. https://doi.org/10.1017/s1092852900000559
54. Mercurio, M., de Filippis, R., Spina, G., De Fazio, P., Segura-Garcia, C., Galasso, O. et Gasparini, G. (2022). The use of antidepressants is linked to bone loss : A systematic review and metanalysis. *Orthopedic Reviews, 14*(6), 38564. https://doi.org/10.52965/001c.38564
55. Weintrob, N., Cohen, D., Klipper-Aurbach, Y., Zadik, Z. et Dickerman, Z. (2002). Decreased growth during therapy with selective serotonin reuptake inhibitors. *Archives of Pediatrics & Adolescent Medicine, 156*(7), 696-701. https://doi.org/10.1001/archpedi.156.7.696
56. Calarge, C. A., Mills, J. A., Karaviti, L., Teixeira, A. L., Zemel, B. S. et Garcia, J. M. (2018). Selective serotonin reuptake inhibitors reduce longitudinal growth in risperidone-treated boys. *The Journal of Pediatrics, 201*, 245-251. https://doi.org/10.1016/j.jpeds.2018.05.040
57. Nilsson, M., Joliat, M. J., Miner, C. M., Brown, E. B. et Heiligenstein, J. H. (2004). Safety of subchronic treatment with fluoxetine for major depressive disorder in children and adolescents. *Journal of Child and Adolescent Psychopharmacology, 14*(3), 412-417. https://doi.org/10.1089/cap.2004.14.412
58. Stutzman, D. L. (2021). Long-term use of antidepressants, mood stabilizers, and antipsychotics in pediatric patients with a focus on appropriate deprescribing. *Mental Health Clinician, 11*(6), 320-333. https://doi.org/10.9740/mhc.2021.11.320
59. Read, J., Lewis, S., Horowitz, M. et Moncrieff, J. (2023). The need for antidepressant withdrawal support services : Recommendations from 708 patients. *Psychiatry Research, 326*, 115303. https://doi.org/10.1016/j.psychres.2023.115303
60. Read, J., Lewis, S., Horowitz, M. et Moncrieff, J. (2023). The need for antidepressant withdrawal support services : Recommendations from 708 patients. *Psychiatry Research, 326*, 115303. https://doi.org/10.1016/j.psychres.2023.115303
61. Read, J. (2020). How common and severe are six withdrawal effects from, and addiction to, antidepressants ? The experiences of a large international sample of patients. *Addictive Behaviors, 102*, 106157. https://doi.org/10.1016/j.addbeh.2019.106157
62. Read, J., Cartwright, C. et Gibson, K. (2018). How many of 1829 antidepressant users report withdrawal effects or addiction ? *International Journal of Mental Health Nursing, 27*(6), 1805-1815. https://doi.org/10.1111/inm.12488
63. Warner, C. H., Bobo, W., Warner, C., Reid, S. et Rachal, J. (2006). Antidepressant discontinuation syndrome. *American Family Physician, 74*(3), 449-456.
64. Davies, J. et Read, J. (2019). A systematic review into the incidence, severity and duration of antidepressant withdrawal effects : Are guidelines evidence-based ? *Addictive Behaviors, 97*, 111-121. https://doi.org/10.1016/j.addbeh.2018.08.027.

65. Cosci, F. et Chouinard, G. (2020). Acute and Persistent Withdrawal Syndromes Following Discontinuation of Psychotropic Medications. *Psychotherapy and Psychosomatics, 89*(5), 283-306. https://doi.org/10.1159/000506868
66. Davies, J. et Read, J. (2019). A systematic review into the incidence, severity and duration of antidepressant withdrawal effects: Are guidelines evidence-based? *Addictive Behaviors, 97*, 111-121. https://doi.org/10.1016/j.addbeh.2018.08.027.
67. Zhang, M. M., Tan, X., Zheng, Y. B., Zeng, N., Li, Z., Horowitz, M. A., Feng, X. Z., Wang, K., Li, Z. Y., Zhu, W. L., Zhou, X., Xie, P., Zhang, X., Wang, Y., Shi, J., Bao, Y. P., Lu, L. et Li, S. X. (2024). Incidence and risk factors of antidepressant withdrawal symptoms: a meta-analysis and systematic review. *Molecular Psychiatry*, Advance online publication. https://doi.org/10.1038/s41380-024-02782-4
68. Roy, J. (2024, 27 février). Les antidépresseurs posent-ils un problème de sevrage? *Radio-Canada*. https://ici.radio-canada.ca/info/long-format/2050737/antidepresseur-sevrage-arret-medicament-medecin?fromApp=rcca_appmobile_appinfo_android&fromMobileApp=android&marketingCloudId=71138996231248670934329617948057256516
69. Gouvernement du Canada. (2012, octobre). *Médicaments antidépresseurs*. https://www.canada.ca/fr/sante-canada/services/medicaments-et-appareils-medicaux/medicaments-antidepresseurs.html
70. National Institute of Mental Health & Royal College of Psychiatrists. (2022, avril). *Medicines associated with dependence or withdrawal symptoms: safe prescribing and withdrawal management for adults NICE guideline*. www.nice.org.uk/guidance/ng215
71. Christiaens, T. et Maloteaux, J. M. (2024). Arrêt progressif des antidépresseurs: lignes directrices (mise à jour 2024). *Folica Pharmacotherapeutica, 51*(01), 1-16. https://www.cbip.be/fr/articles/4239.pdf?folia=4237&version=long
72. Read, J., Cartwright, C. et Gibson, K. (2018). How many of 1829 antidepressant users report withdrawal effects or addiction? *International Journal of Mental Health Nursing, 27*(6), 1805-1815. https://doi.org/10.1111/inm.12488

Chapitre 3

1. Grimes, C. L., Klein, T. P. et Putallaz, M. (2004). Parents' relationships with their parents and peers: Influences on children's social development. Dans J. B. Kupersmidt et K. A. Dodge (dir.), *Children's peer relations: From development to intervention* (pp. 141-158). American Psychological Association. https://doi.org/10.1037/10653-008.
2. Office of Population Affair. *Healthy Relationships in Adolescence*. Repéré en ligne le 14 juillet 2024: https://opa.hhs.gov/adolescent-health/healthy-relationships-adolescence
3. Office of Population Affair. *Healthy Relationships in Adolescence*. Repéré en ligne le 14 juillet 2024: https://opa.hhs.gov/adolescent-health/healthy-relationships-adolescence
4. Lee, S. W., Yoo, J. H., Kim, K. W., Kim, D., Park, H., Choi, J., Teicher, M. H. et Jeong, B. (2018). Hippocampal subfields volume reduction in high schoolers with previous verbal abuse experiences. *Clinical Psychopharmacology and Neuroscience, 16*(1), 46-56. https://doi.org/10.9758/cpn.2018.16.1.46
5. Grills, A. E., et Ollendick, T. H. (2002). Peer victimization, global self-worth, and anxiety in middle school children. *Journal of Clinical Child & Adolescent Psychology, 31*(1), 59-68. https://doi.org/10.1207/S15374424JCCP3101_08
6. Hunt, C., Bussey, K., Peters, L., Gaston, J., Lo, A. et Rapee, R. M. (2022). School-based victimization in children and adolescents presenting for cognitive behavioural treatment of anxiety disorders. *Behavioural and Cognitive Psychotherapy, 50*(6), 590-603. https://doi.org/10.1017/S1352465822000303

7. Morasse, M. E. (2024, 23 avril). Presque 10 % d'absents en classe. *La Presse*. https://www.lapresse.ca/actualites/education/2024-04-23/presque-10-d-absents-en-classe.php
8. The Learning Network. (2024, 11 avril). What Students Are Saying About Why School Absences Have « Exploded ». *The New York Times*. https://www.nytimes.com/2024/04/11/learning/what-students-are-saying-about-why-school-absences-have-exploded.html
9. Özcan, M. (2022). Student absenteeism in high schools : factors to consider. *Journal of Psychologists and Counsellors in Schools, 32*(1), 65-81. https://doi.org/10.1017/jgc.2020.22
10. Donnellan, M. B., Trzesniewski, K. H., Robins, R. W., Moffitt, T. E. et Caspi, A. (2005). Low self-esteem is related to aggression, antisocial behavior, and delinquency. *Psychological Science, 16*(4), 328-335. https://doi.org/10.1111/j.0956-7976.2005.01535.x
11. Orth, U. et Robins, R. W. (2012). Understanding the link between low self-esteem and depression. *Current Directions in Psychological Science, 22*(6), 455-460. https://doi.org/10.1177/0963721413492763
12. Trzesniewski, K. H., Donnellan, M. B., Moffitt, T. E., Robins, R. W., Poulton, R. et Caspi, A. (2006). Low self-esteem during adolescence predicts poor health, criminal behavior, and limited economic prospects during adulthood. *Developmental Psychology, 42*(2), 381-390. https://doi.org/10.1037/0012-1649.42.2.381
13. Zimmerman, M. A., Copeland, L. A., Shope, J. T. et Dielman, T. E. (1997). A longitudinal study of self-esteem : Implications for adolescent development. *Journal of Youth and Adolescence, 26*(2), 117-141. https://doi.org/10.1023/A:1024596313925
14. Sır, E. et Lok, N. (2024). The effect of self-esteem development programme applied to secondary school students on self-esteem and peer bullying victimization : A randomized controlled trial. *Journal of Pediatric Nursing*, 77, e305-e312. https://doi.org/10.1016/j.pedn.2024.04.045
15. Judge, T. A. et Bono, J. E. (2001). Relationship of core self-evaluations traits – self-esteem, generalized self-efficacy, locus of control, and emotional stability – with job satisfaction and job performance : a meta-analysis. *The Journal of Applied Psychology, 86*(1), 80-92. https://doi.org/10.1037/0021-9010.86.1.80
16. Murray, S. L. (2005). Regulating the Risks of Closeness : A Relationship-Specific Sense of Felt Security. *Current Directions in Psychological Science, 14*(2), 74-78. https://doi.org/10.1111/j.0963-7214.2005.00338.x
17. Higgins, E. T. (1987). Self-discrepancy : A theory relating self and affect. *Psychological Review, 94*(3), 319-340. https://doi.org/10.1037/0033-295X.94.3.319

Chapitre 4

1. Haute autorité de santé. (2014, novembre). *Manifestations dépressives à l'adolescence : repérage, diagnostic et prise en charge en soins de premier recours*. https://www.has-sante.fr/jcms/c_1782013/fr/manifestations-depressives-a-l-adolescence-reperage-diagnostic-et-prise-en-charge-en-soins-de-premier-recours
2. Thapar, A., Collishaw, S., Pine, D. S. et Thapar, A. K. (2012). Depression in adolescence. *Lancet, 379*(9820), 1056-1067. https://doi.org/10.1016/S0140-6736(11)60871-4
3. Jetté, E. (2019, 15 octobre). Rendez-vous express pour obtenir une prescription pour des antidépresseurs : à peine 2 min 45 s pour des anxiolytiques. *Journal de Montréal*. https://www.journaldemontreal.com/2019/10/15/rendez-vous-express-pour-obtenir-une-prescription-pour-des-antidepresseurs-a-peine-2-min-45-s-pour-des-anxiolytiques#:~:text=La%20consultation%20la%20plus%20courte,la%20Dre%20Karine%20J.

4. Tulisiak, A. K., Klein, J. A., Harris, E., Luft, M. J., Schroeder, H. K., Mossman, S. A., Varney, S. T., Keeshin, B. R., Cotton, S. et Strawn, J. R. (2017). Antidepressant prescribing by pediatricians : A Mixed-Methods Analysis. *Current Problems in Pediatric and Adolescent Health Care, 47*(1), 15-24. https://doi.org/10.1016/j.cppeds.2016.11.009

Chapitre 5

1. Substance Abuse and Mental Health Services Administration (2014). *SAMHSA's Concept of Trauma and Guidance for a Trauma-Informed Approach.* HHS Publication nº (SMA) 14-4884. https://store.samhsa.gov/sites/default/files/sma14-4884.pdf
2. American Psychiatric Association. (2023). *DSM-5-TR : Manuel diagnostique et statistique des troubles mentaux*, 5e édition, révision du texte. Elsevier Masson.
3. Van Ameringen, M., Mancini, C., Patterson, B. et Boyle, M. H. (2008). Post-traumatic stress disorder in Canada. *CNS Neuroscience & Therapeutics, 14*(3), 171-181. https://doi.org/10.1111/j.1755-5949.2008.00049.x
4. Van Ameringen, M., Mancini, C., Patterson, B. et Boyle, M. H. (2008). Post-traumatic stress disorder in Canada. *CNS Neuroscience & Therapeutics, 14*(3), 171-181. https://doi.org/10.1111/j.1755-5949.2008.00049.x
5. Zatzick, D. F., Grossman, D. C., Russo, J., Pynoos, R., Berliner, L., Jurkovich, G., Sabin, J. A., Katon, W., Ghesquiere, A., McCaulay, E. et Rivara, F. P. (2006). Predicting posttraumatic stress symptoms longitudinally in a representative sample of hospitalized injured adolescents. *Journal of the American Academy of Child and Adolescent Psychiatry, 45*(10), 1188-1195. https://doi.org/10.1097/01.chi.0000231975.21096.45
6. National Institute of Mental Health. (2024, décembre). *Post-Traumatic Stress Disorder.* https://www.nimh.nih.gov/health/topics/post-traumatic-stress-disorder-ptsd#:~:text=Risk%20factors%20that%20may%20increase,horror%2C%20helplessness%2C%20or%20extreme%20fear
7. Carrion, V. G., Weems, C. F., Ray, R. et Reiss, A. L. (2002). Toward an empirical definition of pediatric PTSD : the phenomenology of PTSD symptoms in youth. *Journal of the American Academy of Child and Adolescent Psychiatry, 41*(2), 166-173. https://doi.org/10.1097/00004583-200202000-00010
8. Rytwinski, N. K., Scur, M. D., Feeny, N. C. et Youngstrom, E. A. (2013). The co-occurrence of major depressive disorder among individuals with posttraumatic stress disorder : a meta-analysis. *Journal of Traumatic Stress, 26*(3), 299-309. https://doi.org/10.1002/jts.21814
9. Bacaro, V., Miletic, K. et Crocetti, E. (2024). A meta-analysis of longitudinal studies on the interplay between sleep, mental health, and positive well-being in adolescents. *International Journal of Clinical and Health Psychology, 24*(1), 100424. https://doi.org/10.1016/j.ijchp.2023.100424
10. Bacaro, V., Miletic, K. et Crocetti, E. (2024). A meta-analysis of longitudinal studies on the interplay between sleep, mental health, and positive well-being in adolescents. *International Journal of Clinical and Health Psychology, 24*(1), 100424. https://doi.org/10.1016/j.ijchp.2023.100424
11. Ye, Y., Wang, H., Ye, L., Gao, H. (2024). Associations between Social Media Use and Sleep Quality in China : Exploring the Mediating Role of Social Media Addiction. *International Journal of Mental Health Promotion, 26*(5), 361-376. https://doi.org/10.32604/ijmhp.2024.049606 doi : 10.32604/ijmhp.2024.049606
12. Marino, C., Andrade, B., Campisi, S. C., Wong, M., Zhao, H., Jing, X., Aitken, M., Bonato, S., Haltigan, J., Wang, W. et Szatmari, P. (2021). Association Between Disturbed Sleep and Depression in Children and Youths : A Systematic Review and Meta-analysis of Cohort Studies. *JAMA Network Open, 4*(3), e212373. https://doi.org/10.1001/jamanetworkopen.2021.2373

13. Lovato, N. et Gradisar, M. (2014). A meta-analysis and model of the relationship between sleep and depression in adolescents : recommendations for future research and clinical practice. *Sleep Medicine Reviews, 18*(6), 521-529. https://doi.org/10.1016/j.smrv.2014.03.006
14. Becker, S. P., Langberg, J. M. et Byars, K. C. (2015). Advancing a biopsychosocial and contextual model of sleep in adolescence : a review and introduction to the special issue. *Journal of Youth and Adolescence, 44*(2), 239-270. https://doi.org/10.1007/s10964-014-0248-y
15. Dahl, R. E et Harvey, A. G. (2007). *Sleep in Children and Adolescents with Behavioral and Emotional Disorders, Sleep Medicine Clinics, 2*(3), 501-511. https://doi.org/10.1016/j.jsmc.2007.05.002.
16. Maquet P. (2001). The role of sleep in learning and memory. *Science, 294*(5544), 1048-1052. https://doi.org/10.1126/science.1062856
17. Okano, K., Kaczmarzyk, J. R., Dave, N., Gabrieli, J. D. E. et Grossman, J. C. (2019). Sleep quality, duration, and consistency are associated with better academic performance in college students. *NPJ Science of Learning, 4*(16), 1-5. https://doi.org/10.1038/s41539-019-0055-z
18. Tedeschi, R. G. et Calhoun, L. G. (1996). The Posttraumatic Growth Inventory : measuring the positive legacy of trauma. *Journal of Traumatic Stress, 9*(3), 455-471. https://doi.org/10.1007/BF02103658
19. Joseph, S. et Linley, P. A. (2006). Growth following adversity : theoretical perspectives and implications for clinical practice. *Clinical Psychology Review, 26*(8), 1041-1053. https://doi.org/10.1016/j.cpr.2005.12.006
20. Bowlby, J. (1969). *Attachment and loss : Vol. 1. Attachment.* Basic Books.
21. Manning, R. P., Dickson, J. M., Palmier-Claus, J., Cunliffe, A. et Taylor, P. J. (2017). A systematic review of adult attachment and social anxiety. *Journal of Affective Disorders, 211*, 44-59. https://doi.org/10.1016/j.jad.2016.12.020
22. Yu, Y., Liu, S., Song, M., Fan, H. et Zhang, L. (2020). Effect of Parent-Child Attachment on College Students' Social Anxiety : A Moderated Mediation Model. *Psychological Reports, 123*(6), 2196-2214. https://doi.org/10.1177/0033294119862981
23. Deng, L. Y., Fang, X. Y., Wu, M. M., Zhang, J. T. et Liu, Q. X. (2013b). Family environment, parent-child attachment and adolescent Internet addiction. *Psychological Development and Education, 29*, 305e311. https://doi.org/10.16187/j.cnki.issn1001-4918.2013.03.008
24. Yang, X., Zhu, L., Chen, Q., Song, P. et Wang, Z. (2016). Parent marital conflict and Internet addiction among Chinese college students : The mediating role of father-child, mother-child, and peer attachment. *Computers in Human Behavior, 59*, 221-229. https://doi.org/10.1016/j.chb.2016.01.041
25. Yu, Y., Liu, S., Song, M., Fan, H. et Zhang, L. (2020). Effect of Parent-Child Attachment on College Students' Social Anxiety : A Moderated Mediation Model. *Psychological Reports, 123*(6), 2196-2214. https://doi.org/10.1177/0033294119862981
26. Davies, P. T. et Cummings, E. M. (1994). Marital conflict and child adjustment : an emotional security hypothesis. *Psychological Bulletin, 116*(3), 387-411. https://doi.org/10.1037/0033-2909.116.3.387
27. Davies, P. T., Harold, G. T., Goeke-Morey, M. C., Cummings, E. M., Shelton, K. et Rasi, J. A. (2002). Child emotional security and interparental conflict. *Monographs of the Society for Research in Child Development, 67*(3), vii-viii https://doi.org/10.1111/1540-5834.00205

28. Cummings, E. M., George, M. R., McCoy, K. P. et Davies, P. T. (2012). Interparental conflict in kindergarten and adolescent adjustment: prospective investigation of emotional security as an explanatory mechanism. *Child Development, 83*(5), 1703-1715. https://doi.org/10.1111/j.1467-8624.2012.01807.x
29. Adare, A. A., Zhang, Y., Hu, Y. et Wang, Z. (2021). Relationship between parental marital conflict and social anxiety symptoms of Chinese college students: Mediation effect of attachment. *Frontiers in Psychology, 12*, 640770. https://doi.org/10.3389/fpsyg.2021.640770
30. Généreux, M., Bergeron, J., Bourassa, L., Brisson Sylvestre, M.-P., Fafard, A.-C. et Melançon, M.-E. (2023). *Enquête sur la santé psychologique des 12-25 ans*. https://reussirestrie.ca/wp-content/uploads/2023/05/RAPPORT_mai_2023_vf.pdf
31. Beardslee, W. R., Gladstone, T. R. et O'Connor, E. E. (2011). Transmission and prevention of mood disorders among children of affectively ill parents: a review. *Journal of the American Academy of Child and Adolescent Psychiatry, 50*(11), 1098-1109. https://doi.org/10.1016/j.jaac.2011.07.020
32. Low, N. C., Dugas, E., Constantin, E., Karp, I., Rodriguez, D. et O'Loughlin, J. (2012). The association between parental history of diagnosed mood/anxiety disorders and psychiatric symptoms and disorders in young adult offspring. *BMC Psychiatry, 12*, 188. https://doi.org/10.1186/1471-244X-12-188
33. Beardslee, W. R., Gladstone, T. R. et O'Connor, E. E. (2011). Transmission and prevention of mood disorders among children of affectively ill parents: a review. *Journal of the American Academy of Child and Adolescent Psychiatry, 50*(11), 1098-1109. https://doi.org/10.1016/j.jaac.2011.07.020
34. Smith, M. (2004). Parental mental health: Disruptions to parenting and outcomes for children. *Child & Family Social Work, 9*(1), 3-11. https://doi.org/10.1111/j.1365-2206.2004.00312.x
35. Kemp, J., Chenji, S., MacMaster, F., Bray, S. et Kopala-Sibley, D. C. (2023). Associations between parental depression and anxiety symptom severity and their Offspring's cortical thickness and subcortical volume. *Journal of Psychiatric Research, 166*, 139-146. https://doi.org/10.1016/j.jpsychires.2023.09.014
36. Kendler, K. S, Gardner, C. O. et Lichtenstein, P. A. (2008). A developmental twin study of symptoms of anxiety and depression: evidence for genetic innovation and attenuation. *Psychology Medicine, 38*(11), 1567-1575. https://doi.org/10.1017/S003329170800384X 10.1017/S003329170800384X
37. Sullivan, P. F., Neale, M. C. et Kendler, K. S. (2000). Genetic epidemiology of major depression: review and meta-analysis. *The American Journal of Psychiatry, 157*(10), 1552-1562. https://doi.org/10.1176/appi.ajp.157.10.1552
38. Yu, Y., Zheng, X., Xu, W., Huang, Y., Wang, X., Hong, W., Wang, R., Ye, X. et Zhang, C. (2024). The impact of parental overprotection on the emotions and behaviors of pediatric hematologic cancer patients: a multicenter cross-sectional study. *Frontiers in Psychology, 14*, 1290608. https://doi.org/10.3389/fpsyg.2023.1290608
39. Fernandes, C. C., Martins, A. T., Santa-Rita, A. et Faísca, L. (2022). The influence of parental variables and child behavioral inhibition on social anxiety in preschool children: the moderator effects of gender. *Current Psychology, 42*, 21435-21448. https://doi.org/10.1007/ s12144-022-03247-z
40. Verhoeven, M., Bögels, S. M. et van der Bruggen, C. C. (2012). Unique roles of mothering and fathering in child anxiety; moderation by child's age and gender. *Journal of Child and Family Studies, 21*(2), 331-343. https://doi.org/10.1007/s10826-011-9483-y
41. World Health Organization. (2024). Mental health of adolescents. https://www.who.int/news-room/fact-sheets/detail/adolescent-mental-health

42. United Nation Offices on Drugs and Crime. (2020). World Drug Report, nº E.20. XI.6. https://wdr.unodc.org/wdr2020/field/WDR20_Booklet_2.pdf
43. Lopez-Quintero, C., Pérez de los Cobos, J., Hasin, D. S., Okuda, M., Wang, S., Grant, B. F. et Blanco, C. (2011). Probability and predictors of transition from first use to dependence on nicotine, alcohol, cannabis, and cocaine : results of the National Epidemiologic Survey on Alcohol and Related Conditions (NESARC). *Drug and Alcohol Dependence, 115*(1-2), 120-130. https://doi.org/10.1016/j.drugalcdep.2010.11.004
44. World Health Organization. (2018). Global status report on alcohol and health. https://iris.who.int/bitstream/handle/10665/274603/9789241565639-eng.pdf?ua=1&ua=1
45. Woods, H. C. et Scott, H. (2016). #Sleepyteens : Social media use in adolescence is associated with poor sleep quality, anxiety, depression and low self-esteem. *Journal of Adolescence, 51*, 41-49. https://doi.org/10.1016/j.adolescence.2016.05.008
46. Braghieri, L., Levy, R. et Makarin, A. (2022). Social media and mental health. *American Economic Review, 112*(11), 3660-3693. https://doi.org/10.1257/aer.20211218
47. Braghieri, L., Levy, R. et Makarin, A. (2022). Social media and mental health. *American Economic Review*, 112(11), 3660-3693. https://doi.org/10.1257/aer.20211218
48. Förtsch, K., Viermann, R., Reinauer, C., Baumeister, H., Warschburger, P., Holl, R. W., Domhardt, M., Krassuski, L. M., Platzbecker, A. L., Kammering, H., Cruz, J. A., Minden, K., Staab, D. et Meissner, T. (2024). The impact of COVID-19 pandemic on mental health of adolescents with chronic medical conditions : findings from a German pediatric outpatient clinic. *The Journal of Adolescent Health, 74*(4), 847-849. https://doi.org/10.1016/j.jadohealth.2023.11.397
49. Branje, S. (2023). The impact of the COVID-19 pandemic on adolescent mental health across the world, *Current Opinion in Psychology, 53*, 101665. https://doi.org/10.1016/j.copsyc.2023.101665.
50. Branje, S. (2023). The impact of the COVID-19 pandemic on adolescent mental health across the world, *Current Opinion in Psychology, 53*, 101665. https://doi.org/10.1016/j.copsyc.2023.101665.
51. Branje, S. (2023). The impact of the COVID-19 pandemic on adolescent mental health across the world, *Current Opinion in Psychology, 53*, 101665. https://doi.org/10.1016/j.copsyc.2023.101665.
52. Molnar, D. S., Thai, S., Blackburn, M., Zinga, D., Flett, G. L. et Hewitt, P. L. (2023). Dynamic changes in perfectionism dimensions and psychological distress among adolescents assessed before and during the COVID-19 pandemic. *Child Development, 94*(1), 254-271. https://doi.org/10.1111/cdev.13855
53. Hazo, J. B., Rouquette, A., Bajos, N., Warszawski, J., Bagein, G., Costemalle, V., Counil, E., Deroyon, T., Franck, J.-E., Lydié, N., Martin, C., Meyer, L., Pailhé, A., Rahib, D., Raynaud, P., Sillard, P. et Slama, R. (2023, juin). Près d'un enfant sur six a eu besoin de soins de santé mentale entre mars 2020 et juillet 2021. *Études et résultats, 1271*. https://drees.solidarites-sante.gouv.fr/sites/default/files/2023-06/ER1271.pdf

Chapitre 6

1. Malhi, G. S., Bassett, D., Boyce, P., Bryant, R., Fitzgerald, P. B., Fritz, K., Hopwood, M., Lyndon, B., Mulder, R., Murray, G., Porter, R. et Singh, A. B. (2015). Royal Australian and New Zealand College of psychiatrists clinical practice guidelines for mood disorders. *The Australian and New Zealand Journal of Psychiatry, 49*(12), 1087-1206. https://doi.org/10.1177/0004867415617657

2. Birmaher, B., Brent, D., AACAP Work Group on Quality Issues, Bernet, W., Bukstein, O., Walter, H., Benson, R. S., Chrisman, A., Farchione, T., Greenhill, L., Hamilton, J., Keable, H., Kinlan, J., Schoettle, U., Stock, S., Ptakowski, K. K. et Medicus, J. (2007). Practice parameter for the assessment and treatment of children and adolescents with depressive disorders. *Journal of the American Academy of Child and Adolescent Psychiatry, 46*(11), 1503-1526. https://doi.org/10.1097/chi.0b013e318145ae1c
3. National Institute for Health and Care Excellence. (2019). *Depression in children and young people : identification and management.* https://www.nice.org.uk/guidance/ng134
4. Cuijpers, P., Hollon, S. D., van Straten, A., Bockting, C., Berking, M. et Andersson, G. (2013). Does cognitive behaviour therapy have an enduring effect that is superior to keeping patients on continuation pharmacotherapy ? A meta-analysis. *BMJ Open, 3*(4), e002542. https://doi.org/10.1136/bmjopen-2012-002542
5. Hollon, S. D., DeRubeis, R. J., Shelton, R. C., Amsterdam, J. D., Salomon, R. M., O'Reardon, J. P., Lovett, M. L., Young, P. R., Haman, K. L., Freeman, B. B. et Gallop, R. (2005). Prevention of relapse following cognitive therapy vs medications in moderate to severe depression. *Archives of General Psychiatry, 62*(4), 417-422. https://doi.org/10.1001/archpsyc.62.4.417
6. Papola, D., Miguel, C., Mazzaglia, M., Franco, P., Tedeschi, F., Romero, S. A., Patel, A. R., Ostuzzi, G., Gastaldon, C., Karyotaki, E., Harrer, M., Purgato, M., Sijbrandij, M., Patel, V., Furukawa, T. A., Cuijpers, P. et Barbui, C. (2024). Psychotherapies for Generalized Anxiety Disorder in Adults : A Systematic Review and Network Meta-Analysis of Randomized Clinical Trials. *JAMA Psychiatry, 81*(3), 250-259. https://doi.org/10.1001/jamapsychiatry.2023.3971 Correction : *JAMA Psychiatry*. 2024, *81*(3), 320. https://doi.org/10.1001/jamapsychiatry.2023.5480
7. Beesdo, K., Bittner, A., Pine, D. S., Stein, M. B., Höfler, M., Lieb, R. et Wittchen, H. U. (2007). Incidence of social anxiety disorder and the consistent risk for secondary depression in the first three decades of life. *Archives of General Psychiatry, 64*(8), 903-912. https://doi.org/10.1001/archpsyc.64.8.903
8. Bittner, A., Egger, H. L., Erkanli, A., Jane Costello, E., Foley, D. L. et Angold, A. (2007). What do childhood anxiety disorders predict ? *Journal of Child Psychology and Psychiatry, 48*(12), 1174-1183. https://doi.org/10.1111/j.1469-7610.2007.01812.x
9. Broeren, S., Muris, P., Diamantopoulou, S. et Baker, J. R. (2013). The course of childhood anxiety symptoms : developmental trajectories and child-related factors in normal children. *Journal of Abnormal Child Psychology, 41*(1), 81-95. https://doi.org/10.1007/s10802-012-9669-9
10. Pastore, M., Indrio, F., Bali, D., Vural, M., Giardino, I. et Pettoello-Mantovani, M. (2023). Alarming Increase of Eating Disorders in Children and Adolescents. *The Journal of Pediatrics, 263*, 113733. https://doi.org/10.1016/j.jpeds.2023.113733
11. Lodovico, L. D., Hamelin, H., Lucas DeZorzi, L., Tezenas du Montcel, C., Schéle, E., Stoltenborg, I., Adan, R., Dickson, S., Gorwood, P., Tolle, V. et Viltart, O. (2024). What influences food choices in anorexia nervosa ? Disentangling cognitive and emotional components of decision-making by translational research. *Neuroscience Applied, 3(16)*, 104080. https://doi.org/10.1016/j.nsa.2024.104080
12. Herpertz-Dahlmann, B. (2009). Adolescent eating disorders : definitions, symptomatology, epidemiology and comorbidity. *Child and Adolescent Psychiatric Clinics of North America, 18*(1), 31-47. https://doi.org/10.1016/j.chc.2008.07.005
13. Franko, D. L., Keshaviah, A., Eddy, K. T., Krishna, M., Davis, M. C., Keel, P. K. et Herzog, D. B. (2013). A longitudinal investigation of mortality in anorexia

nervosa and bulimia nervosa. *The American Journal of Psychiatry, 170*(8), 917-925. https://doi.org/10.1176/appi.ajp.2013.12070868
14. de Bruin, E. J., Bögels, S. M., Oort, F. J. et Meijer, A. M. (2018). Improvements of adolescent psychopathology after insomnia treatment : results from a randomized controlled trial over 1 year. *Journal of of Child Psychology and Psychiatry, 59*(5), 509-522. https://doi.org/10.1111/jcpp.12834
15. Reid, J. E., Laws, K. R., Drummond, L., Vismara, M., Grancini, B., Mpavaenda, D. et Fineberg, N. A. (2021). Cognitive behavioural therapy with exposure and response prevention in the treatment of obsessive-compulsive disorder : A systematic review and meta-analysis of randomised controlled trials. *Comprehensive Psychiatry, 106*, 152223. https://doi.org/10.1016/j.comppsych.2021.152223
16. Xian-Yu, C. Y., Deng, N. J., Zhang, J., Li, H. Y., Gao, T. Y., Zhang, C. et Gong, Q. Q. (2022). Cognitive behavioral therapy for children and adolescents with post-traumatic stress disorder : meta-analysis. *Journal of Affective Disorders, 308*, 502-511. https://doi.org/10.1016/j.jad.2022.04.111
17. World Health Organization. (2021). *Mental health of adolescents*. https://www.who.int/news-room/fact-sheets/detail/adolescent-mental-health
18. Smárason, O., Skarphedinsson, G. et Storch, E. A. (2024). Cognitive behavioral therapy for anxiety and depression in children and adolescents. *Psychiatric Clinics of North America, 47*(2), 311-323. https://doi.org/10.1016/j.psc.2024.02.002
19. World Health Organization. (2021). *Mental health of adolescents*. https://www.who.int/news-room/fact-sheets/detail/adolescent-mental-health

Chapitre 7

1. Boudreault-Bouchard, A. M., Dion, J., Hains, J., Vandermeerschen, J., Laberge, L. et Perron, M. (2013). Impact of parental emotional support and coercive control on adolescents' self-esteem and psychological distress : results of a four-year longitudinal study. *Journal of Adolescence, 36*(4), 695-704. https://doi.org/10.1016/j.adolescence.2013.05.002
2. Hair, E. C., Moore, K. A., Kaye, K., Day, R. D. et Orthner, D. (2009). *Marital quality and parent-adolescent relationships : Effects on adolescent and young adult well-being*. ASPE Research Brief. https://aspe.hhs.gov/basic-report/marital-quality-and-parent-adolescent-and-young-adult-well-being
3. McPhie, M. L., et Rawana, J. S. (2015). The effect of physical activity on depression in adolescence and emerging adulthood : a growth-curve analysis. *Journal of Adolescence, 40*, 83-92. https://doi.org/10.1016/j.adolescence.2015.01.008
4. Kalak, N., Gerber, M., Kirov, R., Mikoteit, T., Yordanova, J., Pühse, U., Holsboer-Trachsler, E. et Brand, S. (2012). Daily morning running for 3 weeks improved sleep and psychological functioning in healthy adolescents compared with controls. *The Journal of Adolescent Health, 51*(6), 615-622. https://doi.org/10.1016/j.jadohealth.2012.02.020
5. Généreux, M., Bergeron, J., Bourassa, L., Brisson Sylvestre, M.-P., Fafard, A.-C. et Melançon, M.-E. (2023). *Enquête sur la santé psychologique des 12-25 ans*. https://reussirestrie.ca/wp-content/uploads/2023/05/RAPPORT_mai_2023_vf.pdf
6. Sampasa-Kanyinga, H. et Lewis, R. F. (2015). Frequent use of social networking sites is associated with poor psychological functioning among children and adolescents. *Cyberpsychology, Behaviour and Social Networking, 18* (7), 380-385. https://doi.org/10.1089/cyber.2015.0055
7. Woods, H. C. et Scott, H. (2016). #Sleepyteens : Social media use in adolescence is associated with poor sleep quality, anxiety, depression and low self-esteem. *Journal of Adolescence, 51*, 41-49. https://doi.org/10.1016/j.adolescence.2016.05.008

8. Sampasa-Kanyinga, H. et Lewis, R. F. (2015). Frequent use of social networking sites is associated with poor psychological functioning among children and adolescents. *Cyberpsychology. Behaviour and Social Networking, 18* (7), 380-385. https://doi.org/10.1089/cyber.2015.0055
9. Kuss, D. J. et Griffiths, M. D. (2017). Social Networking Sites and Addiction : Ten Lessons Learned. *International Journal of Environmental Research and Public Health, 14*(3), 311. https://doi.org/10.3390/ijerph14030311
10. Ali Al-Abyadh, M. H. (2025). The fear of missing out and social media addiction : A cross-sectional and quasi-experimental approach. *Heliyon, 11*(3), e41958. https://doi.org/10.1016/j.heliyon.2025.e41958
11. Hanna, E., Ward, L. M., Seabrook, R. C., Jerald, M., Reed, L., Giaccardi, S. et Lippman, J. R. (2017). Contributions of Social Comparison and Self-Objectification in Mediating Associations Between Facebook Use and Emergent Adults' Psychological Well-Being. *Cyberpsychology, Behavior and Social Networking, 20*(3), 172-179. https://doi.org/10.1089/cyber.2016.0247
12. Boers, E., Afzali, M. H., Newton, N. et Conrod, P. (2019). Association of screen time and depression in adolescence. *JAMA Pediatrics, 173*(9), 853-859. https://doi.org/10.1001/jamapediatrics.2019.1759
13. Livet, A., Boers, E., Laroque, F., Afzali, M. H., McVey, G. et Conrod, P. J. (2024). Pathways from adolescent screen time to eating related symptoms : a multilevel longitudinal mediation analysis through self-esteem. *Psychology & Health, 39*(9), 1167-1182. https://doi.org/10.1080/08870446.2022.2141239
14. Agence France-Presse. (2024, 17 juin). Le chirurgien général américain veut des messages de prévention. https://www.lapresse.ca/international/etats-unis/2024-06-17/reseaux-sociaux/le-chirurgien-general-americain-veut-des-messages-de-prevention.php. *La Presse.*
15. Agence France-Presse. (2024, 17 juin). Le chirurgien général américain veut des messages de prévention. https://www.lapresse.ca/international/etats-unis/2024-06-17/reseaux-sociaux/le-chirurgien-general-americain-veut-des-messages-de-prevention.php. *La Presse.*
16. de Zambotti, M., Goldstone, A., Colrain, I. M. et Baker, F. C. (2018). Insomnia disorder in adolescence : Diagnosis, impact, and treatment. *Sleep Medicine Review, 39*, 12-24. https://doi.org/10.1016/j.smrv.2017.06.009
17. Meijer, A. M., Reitz, E., et Dekovič, M. (2016). Parenting matters : a longitudinal study into parenting and adolescent sleep. *Journal of Sleep Research, 25*(5), 556-564. https://doi.org/10.1111/jsr.12406
18. Meijer, A. M., Reitz, E. et Dekovič, M. (2016). Parenting matters : a longitudinal study into parenting and adolescent sleep. *Journal of Sleep Research, 25*(5), 556-564. https://doi.org/10.1111/jsr.12406
19. Lacombe, M. L. (2021). *Hygiène du sommeil du jeune de 12 à 17 ans Information sur le sommeil destinée aux adolescents.* CHU Sainte-Justine. https://www.chusj.org/getmedia/fe343508-c2eb-4e46-ab4a-4ec9642918fd/depliant_F-593_Hygiene-du-sommeil-12-a-17-ans.pdf.aspx?ext=.pdf
20. Peters, S., van Atteveldt, N., Massonnié, J. et Vogel, S. E. (2023). *Tout ce que vous et vos enseignants devriez savoir sur le cerveau en apprentissage.* Frontiers Media SA. https://doi.org/10.3389/978-2-8325-2942-3
21. Markwald, R. R., Iftikhar, I. et Youngstedt, S. D. (2018). Behavioral Strategies, Including Exercise, for Addressing Insomnia. *American College of Sports Medicine Health and Fitness Journal, 22*(2), 23-29. https://doi.org/10.1249/FIT.0000000000000375
22. Marsh, A. A. (2016). Neural, cognitive, and evolutionary foundations of human altruism. *WIREs Cognitive Science*, 7(1), 59-71. https://doi.org/10.1002/wcs.1377

23. Smyth, J. M., Hockemeyer, J. R. et Tulloch, H. (2008). Expressive writing and post-traumatic stress disorder: effects on trauma symptoms, mood states, and cortisol reactivity. *British Journal of Health Psychology, 13*, 85-93. https://doi.org/10.1348/135910707X250866

Chapitre 9

1. Shapiro, D. (2003). The Tortured, Not the torturers, Are Ashamed. *Social Research, 70*(4), 1131-1148.
2. Fortin, B. (2016). La honte. *Psychologie Québec.*
3. Zupancic, M. K. et Kreidler, M. C. (1999). Shame and the Fear of Feeling. *Perspectives in Psychiatry Care, 34*(3), 29-34. https://doi.org/10.1111/j.1744-6163.1999.tb00572.x

Conclusion

1. Matte, G. (2003). *Quand le corps dit non : le stress qui démolit* (traduit par Louise Chrétien et Marie-Josée Chrétien). Les Éditions de l'Homme.

REMERCIEMENTS

Merci aux enfants, aux adolescents et aux parents qui m'ont ouvert la porte de leur univers et m'ont permis de défricher avec eux un chemin vers un mieux-être psychologique. Votre force, votre ouverture et le courage que vous avez eu de vous montrer vulnérables m'inspirent profondément.

David, Zackaël et Hugo, je vous suis très reconnaissante pour votre précieux soutien dans ce projet d'écriture, pour votre authenticité et pour nos discussions stimulantes qui me font grandir et me donnent envie de continuer à le faire.

TABLE DES MATIÈRES

Suivez-nous sur le Web
et les réseaux sociaux!

EDITIONS-HOMME.COM
EDITIONS-JOUR.COM
EDITIONS-PETITHOMME.COM
EDITIONS-LAGRIFFE.COM
RECTOVERSO-EDITEUR.COM
QUEBEC-LIVRES.COM
EDITIONS-LASEMAINE.COM

Imprimé chez Marquis Imprimeur inc. sur du Sustana Enviro[MC].
Ce papier contient 100% de fibres recyclées durables,
est fabriqué avec un procédé sans chlore
et à partir d'énergie biogaz.

100% PCF BIOGAZ PERMANENT